"十四五"职业教育国家规划教材

直播电商运营

主　编　汪永华　郑经全
副主编　卢静宜　向科衡　朱君波
主　审　谈黎虹　朱丽娜

北京理工大学出版社
BEIJING INSTITUTE OF TECHNOLOGY PRESS

内 容 简 介

本书结合了互联网发展应用的最新趋势，将新知识、新技术、新工艺、新方法及时梳理，并将行业最新实践进行总结编制而成。

本书作为浙江经济职业技术学院与浙江省电子商务促进会联合组织开发的教材，针对网络直播类岗位群（主播、直播电商运营专员、场控和直播策划专员等）的典型工作任务要求，以直播业务流程为主线，以直播运营基础、直播营销、直播运营方案策划、直播间布置与直播技巧、主播打造、直播内容策划与实施、直播运营传播、直播运营复盘等为重点学习领域，从直播运营的基本理念、直播运营方法和直播复盘三个层面，循序渐进地讲述了直播电商运营思维方法和实战化技能。

本书可作为应用型本科院校、高职高专院校电子商务专业群教材，也可作为 MCN 机构相关从业人员的参考和培训用书。

版权专有　侵权必究

图书在版编目（CIP）数据

直播电商运营/汪永华，郑经全主编．—北京：
北京理工大学出版社，2020.12（2024.1 重印）
ISBN 978-7-5682-9324-2

Ⅰ．①直⋯ Ⅱ．①汪⋯②郑⋯ Ⅲ．①网络营销－高等学校－教材 Ⅳ．①F713.365.2

中国版本图书馆 CIP 数据核字（2020）第 247791 号

责任编辑：徐春英　　　文案编辑：徐春英
责任校对：周瑞红　　　责任印制：施胜娟

出版发行 / 北京理工大学出版社有限责任公司
社　　址 / 北京市丰台区四合庄路 6 号
邮　　编 / 100070
电　　话 / （010）68914026（教材售后服务热线）
　　　　　（010）68944437（课件资源服务热线）
网　　址 / http://www.bitpress.com.cn

版 印 次 / 2024 年 1 月第 1 版第 3 次印刷
印　　刷 / 保定市中画美凯印刷有限公司
开　　本 / 710 mm×1000 mm　1/16
印　　张 / 10.75
字　　数 / 123 千字
定　　价 / 39.80 元

图书出现印装质量问题，请拨打售后服务热线，负责调换

前　言

网络直播，肇始于2000年。

2000年开始，网络上出现了图文直播。由于受制于拨号上网与宽带上网刚兴起，网速普遍较慢，这一时期的直播形式仅支持文字或图片，网民通过论坛追帖、即时聊天工具分享、直播一些热点事件等。

2005—2013年，网络直播市场随着互联网模式演化起步，以YY、六间房、9158为代表的PC秀场直播模式为众人熟知。2013年YY游戏直播上线，2014年斗鱼直播上线，电竞游戏直播成为新"风口"。2015—2016年，4G网络全面覆盖，网民上网资费下调，手机直播开始流行，国内映客、熊猫、花椒等直播平台在大量游戏玩家的推动之下，带动网络直播并"一夜爆红"。

2016年是移动直播的"元年"，网络直播市场真正进入全民时代。一时间，各类视频直播App层出不穷，市场上最多曾有300余个直播平台，不仅吸引了众多投资者的关注，还聚集了众多直播用户。全国有数千万用户开通了手机直播，形成全民开播的大趋势，直播行业进入爆发期。

2018年，"直播+电商"模式蓬勃发展，淘宝直播全年成交额超过1 000亿元。2019年"11.11"期间，淘宝直播成交额近200亿元。2020年，受疫情影响，线下实体店纷纷探索直播模式，开拓新市场，涌现了"直播+教育""直播+旅游""直播+房产"

等，形成千亿元市值的巨大产业规模，推动"万物皆可播"的全新业态，并且让网络主播、网红等成为中国新兴职业。

目前，"直播+"已经成为互联网的主流商业模式。

"直播+"时代，最短缺的人才是直播电商运营人才。根据拉勾大数据研究院发布的《电商行业人才报告》显示，相比于2019年，2020年上半年电商行业对"直播电商运营"相关岗位人才需求增幅达47%，人才缺口在百万以上。

党的二十大报告指出："构建优质高效的服务业新体系，推动现代服务业同先进制造业、现代农业深度融合。加快发展物联网，建设高效顺畅的流通体系，降低物流成本。加快发展数字经济，促进数字经济和实体经济深度融合，打造具有国际竞争力的数字产业集群。"

直播商务已经成为优质高效的服务业最具代表性的新模式，也是加快发展数字经济，促进数字经济和实体经济深度融合，实施乡村振兴等国家战略的重要手段之一。

在此背景下，地处"电商之都"的浙江省电子商务促进会联合浙江经济职业技术学院等高校，合力打造国内首部聚焦于电子商务视角的《直播电商运营》教材。在《直播电商运营》教材编写中，针对网络直播类岗位群（主播、直播电商运营专员、场控和直播策划专员等）的典型工作任务要求，以直播业务流程为主线，以直播运营基础、直播营销、直播运营方案策划、直播间布置与直播技巧、主播打造、直播内容策划与实施、直播运营传播、直播运营复盘等为重点学习领域，从直播运营的基本理念、直播运营方法和直播复盘三个层面，循序渐进地讲述了直播电商运营思维方法和实战化技能。

《直播电商运营》教材由浙江经济职业技术学院汪永华和浙江

前言

省电子商务促进会秘书长郑经全负责统稿和主编,谈黎虹教授、朱丽娜主任担任主审,卢静宜、向科衡、朱君波担任副主编。另外,王杰、苏程浩、黄毅、郭建芳参与了部分章节的编写。同时,浙江省电子商务促进会卢成南会长、浙江国贸数字有限公司、杭州簧宇教育科技有限公司的储华及其团队成员都为本教材的构思、信息资料收集与整理等贡献了各自的聪明才智,给予了大力支持和帮助,在教材编写完成之际对以上人员一并表示感谢。同时,本书在编写过程中参阅了大量国内外公开发表出版的资料和文献,并引用了其中的部分案例和图表资料,谨向诸多作者和相关组织及企业表示最由衷的感谢。

由于本书涉及面广,体系和内容较新,编者水平有限,编写任务紧,因此书中难免有疏漏甚至错误之处,恳请广大读者和同行批评指正。同时,欢迎广大读者和同行与编者交流,电子邮箱是 13588825845@163.com。

编 者

目 录

第1章 直播运营基础 (1)
1.1 直播运营概念 (5)
1.2 互联网直播发展历程 (6)
1.3 主流直播平台 (9)
1.4 直播运营基本技能 (12)
1.5 直播运营流程 (14)
1.6 直播运营风险防范 (15)

第2章 直播营销 (19)
2.1 直播营销设计 (22)
2.2 直播用户画像与分析 (24)
2.3 直播营销方式 (28)
2.4 直播营销组合模式 (30)

第3章 直播运营方案策划 (33)
3.1 直播方案策划流程 (36)
3.2 直播品类规划 (37)
3.3 直播宣传与引流 (40)
3.4 直播平台的设置与测试 (42)
3.5 直播风险预案设计 (43)

第4章 直播间布置与直播技巧 (53)
4.1 直播设备选择 (56)
4.2 直播间布置 (64)

4.3　直播拍摄角度选择 …………………………………（71）

4.4　直播带货技巧 ………………………………………（73）

4.5　直播控场技巧 ………………………………………（75）

第5章　主播打造 …………………………………………（77）

5.1　主播人设打造 ………………………………………（80）

5.2　主播形象塑造 ………………………………………（81）

5.3　主播心理素质实战 …………………………………（83）

5.4　主播IP打造 …………………………………………（84）

5.5　主播带货变现能力提升 ……………………………（87）

第6章　直播内容策划与实施 ……………………………（91）

6.1　直播内容策划 ………………………………………（94）

6.2　直播场景设计标准 …………………………………（97）

6.3　直播脚本创作技巧 …………………………………（97）

6.4　直播活动互动技巧 …………………………………（103）

6.5　直播活动营销元素植入 ……………………………（106）

第7章　直播运营传播 ……………………………………（109）

7.1　直播传播计划制订 …………………………………（112）

7.2　直播短视频剪辑与传播 ……………………………（112）

7.3　直播引流文案撰写技巧 ……………………………（115）

7.4　直播粉丝运营技巧 …………………………………（118）

7.5　直播社群运营技巧 …………………………………（120）

第8章　直播运营复盘 ……………………………………（123）

8.1　直播运营复盘核心 …………………………………（126）

8.2　直播运营效果分析 …………………………………（127）

8.3　直播运营沉淀用户分析 ……………………………（130）

8.4　直播效果数据分析 …………………………………（131）

8.5　直播经验总结提炼 …………………………………（133）

目录

第9章　直播运营案例分析 …………………………………（135）

　9.1　直播＋电商带货 …………………………………………（138）

　9.2　直播＋发布会 ……………………………………………（143）

　9.3　直播＋互动 ………………………………………………（148）

　9.4　直播＋内容营销 …………………………………………（149）

　9.5　直播＋植入 ………………………………………………（152）

　9.6　直播＋个人 IP ……………………………………………（155）

参考文献 ………………………………………………………（158）

第 1 章
直播运营基础

第1章 直播运营基础

学习目标

【知识目标】

1. 认识直播行业发展趋势与电商直播；
2. 了解直播行业的从业素养；
3. 主播及运营的培养。

【技能目标】

1. 高效直播团队的组建；
2. 明确电商直播岗位分工职责；
3. 打造电商主播人设。

【素质目标】

电商直播从业者素质：以社会主义核心价值观为引领，诚信、守法、传播正能量、共筑网络文明。

本章要点

1. 直播运营概念；
2. 互联网直播发展历程；
3. 主流直播平台；
4. 直播运营基本技能；
5. 直播运营流程；
6. 直播运营风险防范。

素养园地

直播带货也要"带"上责任

中国消费者协会 3 月 31 日发布《直播电商购物消费者满意度在线调查报告》。报告显示，有 37.3% 的受访消费者在直播购物中遇到过消费问题。消费者满意程度最低的是宣传环节，受访消费者对于"主播是否就是经营者"的问题认知较为模糊，对主播夸大和虚假宣传、又不能说明商品特性的链接在直播间售卖等两个问题反馈较多。

由于社交直播间可以营造抢购氛围，增强社交性和互动性，电商直播发展迅速，日益受到消费者青睐。2019年被称为"直播电商元年"，各大传统电商和社交电商平台纷纷推出直播带货模式。此次疫情期间，电商直播行业更是逆势上涨，成为商家竞相追逐的风口。

直播电商的本质属于商业广告，带货主播往往身兼广告经营者、广告发布者、广告代言人等多重角色。《广告法》明确规定，广告以虚假或者引人误解的内容欺骗、误导消费者的，构成虚假广告，由市场监督管理部门责令停止发布广告，责令广告主在相应范围内消除影响，处以相应罚款；使购买商品或者接受服务的消费者的合法权益受到损害的，还要依法承担民事责任。此外，有的主播本身经营有网店，直播带货的商品由其网店销售，其同时又具备经营者身份，还应为此向消费者承担相应赔偿责任。

但在现实中，直播翻车常有，追责处理不常有。主播群体只要人气、只获收益、不担责任，在一定程度上助长了带货主播的侥幸心理，在宣传时往往有意无意夸大其词，吸引眼球。这一乱象不仅直接侵害了消费者的合法权益，也不利于直播电商行业的健康发展。只有厘清直播电商的责任义务，加大监管力度，才能督促其自觉诚信，规范经营。

有关部门应加强对于直播平台的监督，及时发现和取证虚假宣传行为，依法予以约谈、行政处罚。同时，由于行业的特殊性，带货直播身份的界定往往存在争议，直接影响责任认定。不妨抓住《互联网广告管理暂行办法》修订的契机,将直播电商列入法律规制范畴,进一步厘清带货主播应承担的法律责任,从而更好地予以规范。

应畅通投诉渠道,简化处理流程,通过引入举证责任倒置等方式,降低消费者维权成本,提高维权热忱。各级消协组织应积极履行消费监督公益性职责,充分运用消费公益诉讼,帮助广大消费者维权,倒逼带货主播珍惜羽毛。

——2020年4月《北京青年报》张淳艺

1.1 直播运营概念

直播运营是一个IP背后的核心操盘手。这个直播运营团队里除需要选品,搞定供应链,把控产品质量外,还需要策划内容和脚本,对接商务沟通,推广引流,什么时候卖什么商品,用什么话术引导,目的是什么,最终结果怎么样等,这些都是直播运营的主要工作。

除此之外,直播运营还可以分为产品运营和内容运营。产品运营主要负责直播间产品的选择、挖掘直播间产品卖点、帮助主播进行直播间产品知识培训和直播间布置的优化等。而内容运营主要负责直播前后的内容宣传、造势、运营,配合直播的店铺相关运营工作和直播数据的检测、分析与优化。除此之外,还要负责直播内容和直播品类的拓展,并发掘优质用户群体及维护老用户。

成功的直播运营可以提高转粉率、直播间点击率、直播间转化率,增加粉丝观看时长,促进店铺营业额的增长等。

2019年6月16日,唯品会在616大促期间携手腾讯广告、全民K歌联合开启"616品牌特卖全民PK赛",吸引了80位各有所长的关键意见领袖（Key Opinion Leader, KOL）参与,并通过精心遴选不同品类和品牌,挑选出满足用户主要购物需求的192款商品,以直播的形式高效带货,80位KOL通过连续3天高频次、高强度直播种草,强势占领了用户心智,创造了2.13亿次的曝光量,其中总观看人次高达1 627.8万,最大化地实现了品牌对粉丝的价值冲击。不仅如此,直播中引入的打榜玩法和领取唯品会福利的形式,成功激发了粉丝主动为KOL购物打榜的热情,形成有效互动和粉丝的正面评价,最终为唯品会创造了114万的成功种草人次。

2019年2月28日,唯品会携手陌陌玩转"电商+社交+直播"营销玩法,打造新流量入口,助推美妆大促活动,帮助众多美妆品牌提高销量,获取新用户。与传统电商相比,"社交+直播"最大的优势是互动性和真实性。陌陌作为国内知名移动社交平台,拥有过亿活跃用户,用户黏性高。直播这种形式能带来比图片和文字更加生动的传播效果。在直播间中,用户除打赏外,还能观看主播介绍或试用产品,通过屏幕上随手可以点击的优惠券、红包等定制功能,以及商品的导购链接体验"边看边买""边玩边买"的乐趣。同时,陌陌主播自带的粉丝流量将这种传播效应进一步扩大。

1.2　互联网直播发展历程

互联网直播的发展路径如图1-1所示。

图 1-1 互联网直播的发展路径

图文直播：拨号上网与宽带上网刚兴起的时候，网速普遍较慢，网民上网以聊天、看新闻、逛论坛为主。因此，这一时期的直播形式仅支持文字或图片，网民通过论坛追贴、即时聊天工具分享等形式，了解事件的最新进展。

秀场直播：随着网速的提升，视频直播开始出现。但受制于计算机运行速度及内存容量的限制，网民无法同时打开多款软件进行"一边玩游戏，一边直播"或"一边看体育比赛，一边做解说"等操作，仅支持利用网页或客户端观看秀场直播。2008 年开始，以 9158 为首的"视频聊天室"平台，开启了国内直播时代。我国最早的互联网直播多为"秀场直播"，直播内容为唱歌、聊天、跳舞。

游戏直播：随着计算机硬件的发展，网民可以打开计算机进行多线操作，"一边听 YY 语音直播，一边玩游戏"的形式开始出现，游戏直播开始兴起。与此同时，国内外一系列游戏直播平台开始出现。2008 年，主打语音直播的 YY 语音面世，并受到游戏玩家的推崇。在早期网游领域，使用 YY 语音进行游戏沟通成为游戏爱好者的默认共识。2011 年，美国 Twitch.TV 从 Justin.TV 分离，独立成为首家游戏直播平台，主打游戏直播及互动。随后 2013 年 YY 游戏直播上线，2014 年斗鱼直播上线，国内 PC 端游戏直播平台初具规模。

2015—2016 年，4G 网络全面覆盖，网民上网资费下调，手机直播开始流行。国内映客、熊猫、花椒等主流直播平台纷纷布局移动直播市场，相关创业公司也顺势成立，市场上最多曾有 300 余个直播平台。全国有数千万用户开通了手机直播，形成全民开播的大趋势。因此，直播行业进入爆发期。全民开播也形成了"万物皆可播"的态势。直播开始链接到更多的领域，如"游戏""电商""综艺"等。"直播+产业"的模式成为直播爆发期的主要热点。

2017 年至今，"千播大战"后期，直播行业泡沫迅速冷却。直播平台市场格局已定，形成稳定的用户运营模式。2018 年，"直播+电商"模式蓬勃发展，淘宝直播全年成交额超过 1 000 亿元，2019 年双十一期间，淘宝直播成交额近 200 亿元。"直播+短视频"模式也逐渐进入大众视野。

直播行业十多年的发展，形成千亿元市值的巨大产业规模，推动"万物皆可播"的全新业态，并且让网络主播成为中国新兴职业。"直播+"正成为互联网的主流商业模式。

课堂讨论

从硬件角度看，继移动直播后，有人预测"下一个直播时代将是 VR（虚拟现实）和 AR（增强现实）的时代"，可

第1章 直播运营基础

穿戴设备将成为下一个直播时代的主要观看入口。你觉得是这样吗？为什么？

1.3 主流直播平台

直播平台的分类见表1-1。

表1-1 直播平台的分类

综合类	游戏类	秀场类	商务类	教育类
一直播	熊猫直播	六房间	脉脉直播	网易云课堂
映客直播	斗鱼直播	YY直播	微吼直播	沪江CCtalk
花椒直播	虎牙直播	新浪秀场	京东直播	千聊
QQ空间	龙珠直播	腾讯视频	天猫直播	荔枝微课
…	…	…	…	…

（1）综合类直播平台通常包含较多的直播种类，网友进入平台后的可选择余地较多，包括游戏直播、户外直播、校园直播、秀场直播（图1-2）等。

图1-2 秀场直播

（2）游戏类直播平台主要是针对游戏的实时直播平台。与体育爱好者痴迷于某项体育比赛或某位体育明星相似，游戏爱好者通常会较为规律地登录游戏直播平台，甚至追随某位游戏主播（图1-3）。

图1-3 游戏直播平台

（3）秀场类直播平台从2005年开始便在国内兴起，是直播行业起步较早的模式之一。秀场类直播是主播展示自我才艺的最佳形式，观众在秀场类直播平台浏览不同的直播间，类似于走入不同的演唱会或才艺表演现场。

（4）与游戏、秀场类等平台不同的是，商务类直播平台具有更多的商业属性，因此，在商务类直播平台进行直播的企业，通常带有一定的营销目的。利用商务类直播平台，企业可以尝试以更低的成本吸引观众，并产生交易（图1-4、图1-5）。

第1章　直播运营基础

图1-4　商务类直播平台

图1-5　直播广场

（5）传统的在线教育平台以视频、语音、PPT 等形式为主，虽然呈现形式足够丰富，但互动性不强，无法做到实时答疑与讲解，因此教育类直播平台应运而生，其中网易云课堂、沪江 CCtalk 等平台都是在原有在线教育平台的基础上增加直播功能；而千聊、荔枝微课等平台则属于独立开发的教育类直播平台(图 1-6)。

图 1-6　教育类直播平台

课堂讨论　请回忆一场自己印象深刻的直播，尝试分析：这场直播在哪个平台进行？为什么要在这个平台进行？

1.4　直播运营基本技能

如何成为一个优秀的直播运营呢？可以从"人""货""场"三个方面来剖析。

（1）"人"。主播就是直播中最重要的人，也是一场直播中的核心；直播运营在选拔主播的时候，需要注重考虑以下几个方面：

1）主播的业务能力。主播的业务能力有很多方面，如主播的细分行业业内知名度、直播态度和直播技巧等；直播态度和直播技巧都直接关系着直播质量。

2）主播的匹配度。主播和直播内容的匹配度是非常重要的，除主播外，还有另外一个"人"，那就是用户，无论是传统的泛娱乐直播，依靠用户打赏，还是电商直播，依靠用户购买分成，用户都是直播间的重要组成部分；直播运营就需要将用户分层，有针对性地去对接，做到维护老粉丝，挖掘新粉丝。

（2）"货"。在货品的选择上需要注意以下几个方面：

1）产品品质。品质是一切的根本，品质如果不好，哪怕主播卖力全部售出，也会面临很多退货问题。因此，直播运营在直播间选择产品时，应当注重产品品质。

2）产品价格。价格低就是优势。同样的主播，同样的内容，同样的脚本，价格低会有绝对性的优势。

3）时间点。卖货的时间点把握和新媒体追热点类似，尤其是销售季节性、阶段性产品的电商直播，把握好时间点，就可以在直播时掌握先机。

4）匹配度。直播运营需要注意产品与主播之间的匹配度，如果产品与主播不匹配，会降低粉丝对主播的信任度，下单率也会降低。

（3）"场"的选择。对于头部主播而言，自身的带货能力已经足够大，对于场地并不需要太过在意。但是，对于非头部主播而言，场地选择就非常重要了。

1）要贴合直播内容。不同类型的主播、不同的产品需要的"场"是不一样的。

2）要经常变换场。一成不变，则会让用户缺乏新鲜感，需要不断地去改变直播间场景布置。

1.5 直播运营流程

对于一场直播来说，需要做好充分的准备。首先，直播前期的准备，要确定直播的目的，是增粉、引流还是带货变现，要确定在哪个平台直播，以及直播的内容和主播的确定。其次，要将直播的工具准备好，如果使用手机直播，要将充电宝、充电器准备好，防止直播中途手机突然没电；如果使用电脑直播，要将摄像头、麦克风准备好。最好准备一个美肤灯，可以给主播一个美颜的效果。最后，可以在各大平台进行直播前的宣传和预热，让更多用户知道和来到直播间进行观看。

正式直播时就是主播的主场，最好按照提前策划好的流程进行直播。如果有助理，可以让他在场外提醒主播每个环节的时间，再根据时间来把控直播的节奏。如果是个人直播，那么建议在直播前主播先将流程看一遍，然后将每个环节的时间段标明，用白板写出来，放在镜头看不到的地方。在直播过程中可以设置一些互动环节，提高直播间的气氛和活跃度。如果要设置互动问题，建议选择互动性高的二选一式的问题，直播中直接让观众回复1或者回复2即可。如果要设置抽奖环节，可以在抽奖时设置要求，例如，只有关注主播并回复特定指令的粉丝才能参与抽奖。

一场直播结束后，做好数据统计。现在直播平台基本都会有一个直播数据功能，每次下播后，都可以查看本次直播的在线人数、获得的礼物打赏等。将这些内容做好统计，方便日后分析总结和提升。

每一场直播结束后都应该做直播沉淀和复盘。首先，要发现直播中的不足之处并作出应对措施，以便于在下一场直播时避免同样的失误，同时做好数据统计。还要核对直播中送出的奖品福利及免单发放明细，确保用户的福利得以顺利发放。其次，复盘正常直播，并记录直播中的失误，盘点直播成果，分析直播中的规律（产品销量好的时段、品类等）。最后，做会议总结，提出解决及优化方案。

1.6 直播运营风险防范

直播运营风险防范有环节设置、软硬件测试、主持词审核、弹幕监控、侵权检查和平台资质六个要素。

1. 环节设置

策划一场线下活动，主办方必须对活动各环节进行模拟与彩排，防止由于环节设置不公平而发生异议，同时，避免在现场观众热情最高的颁奖、领奖环节发生拥挤与踩踏等事件。同样，策划网络直播活动，也必须对环节设置进行反复推演，尤其是涉及"转发抽奖""扫码领取红包"等环节时，应采取措施防止被恶意领走抽奖或红包而导致大量观众无法获得，从而引发大量有争议的弹幕。

2. 软硬件测试

为了达到最佳的网络直播效果，新媒体团队需要在直播前对所有相关软硬件进行反复排查与测试。一方面，需要熟悉直播软件的使用及各环节软硬件的配合，防止误操作；另一方面，需要对网站、服务器进行反复测试，防止由于大批观众涌入而造成服务器瘫痪。

3. 主持词审核

现阶段直播平台用户规模不断变大，已成为社交、娱乐等场景的重要入口，因此相关部门也开始重点管理。

2007年12月，广电总局公布《互联网视听节目服务管理规定》（2015年修订）；2010年3月，同样由广电总局发布《互联网视听节目服务业务分类目录（试行）》（2017年调整）；2016年6月，网信办发布《移动互联网应用程序信息服务管理规定》；2016年4月13日，百度、新浪、搜狐等20余家直播平台共同发布《北京网络直播行业自律公约》，承诺网络直播房间必须标识水印，内容存储时间不少于15天备查，所有主播必须实名认证，对于播出涉政、涉枪、涉毒、涉暴、涉黄内容的主播，情节严重的将列入黑名单，审核人员对平台上的直播内容进行24小时实时监管。

因此，企业必须对主持人或主播的主持词进行严格审核，防止由于"信口开河"而违反相关规定。尤其是主持词中涉及政治、赌博、暴力、色情等内容的词语，必须予以删除或替换。错误的主持词不但会影响企业口碑，更有可能直接触犯法律。

4. 弹幕监控

弹幕是指观看直播的观众发送的简短评论，可以滚动、停留甚至更多动作特效方式出现在屏幕上。

主持人或主播的发言可以提前审核，但直播现场的网友弹幕无法在直播前进行预估，只能依靠现场管理。直播平台通常可以设置"房管"，直播间主播发言的同时，房管可以监控网友弹幕，对于利用弹幕发布内容低俗、过度娱乐化、宣扬拜金主义和崇尚奢华等内容的，直接关闭其发言的权利。对于情节严重的可以将其发言截图保存，移交公安机关处理。

5. 侵权检查

企业直播营销通常需要物料作为支持，包括背景板、贴图、玩偶、吉祥物等。此类物料在直播前必须仔细检查，防止使用涉及版权保护的物料，以免引发官司。

2017年5月，国务院发布了《2017年全国打击侵犯知识产权和制售假冒伪劣商品工作要点》，提出要加大互联网领域侵权假冒治理力度，加大打击侵犯知识产权工作力度，加强商标行政执法，加大版权保护工作力度。因此，直播所涉及的所有物料，都必须做到不侵权、不违法。

6. 平台资质

要在具有相关资质的直播平台进行直播，保证卖方与买方的合法权益。

第 2 章
直播营销

第2章 直播营销

学习目标

【知识目标】

1. 了解粉丝画像；
2. 掌握粉丝最忌讳的直播购物几件事；
3. 掌握粉丝经济的含义。

【技能目标】

1. 会引导粉丝关注；
2. 会粉丝管理；
3. 会开展直播营销。

【素质目标】

传递社会主义核心价值观，传承社会主义文化。

本章要点

1. 直播营销设计；
2. 直播用户画像与分析；
3. 直播营销方式；
4. 直播营销组合模式。

素养回塑

在错综复杂的网络经济环境下，为了获得高流量，提高转化率，促进成交率的目的，各种良莠不齐的直播引流视频及文案信息充斥着电商平台，部分直播内容低俗，甚至背离了社会主义核心价值观。在各大电商平台传递社会主义核心价值观，传承社会主义文化的责任刻不容缓。

华为向3GPP提出的5G标准专利提案超过2.1万件，5G基础专利提案数量位居世界第一，占总数的 20% 以上。华为受到行业协会的高度重视，并获得了主要的行业奖项，包括对 5G 演进的杰出贡献奖、最佳基础设施奖、5G 研发杰出贡献奖、世界互联网领先技术成就奖、技术创新奖和全球电信奖等。华为公司创始人兼首席执行官任正非说："如果我谈论中国文化的复兴，我更愿意谈论中国文化的崛起。因为中国文化的崛起致力于在高科技领域对西方文明的颠覆和超越，而华为公司成立 30 多年来，在掌控人类未来命运的 5G 领域，实际上已经实现了"。

华为通过提供青大的网络基础设施、开展多场网络直播新闻发布会，展示中国企业的创新精神、爱国之心、赤子情怀。

2.1 直播营销设计

一般来说，用"五步法"设计直播营销，即整体思路、策划筹备、直播执行、后期传播、效果总结。

（1）整体思路：在直播营销前要进行目的分析、方式选择和策略的组合。

（2）策划筹备：要将直播营销方案撰写完善，在直播开始前将直播过程中用到的软硬件测试好，并尽可能降低失误率，防止因为筹备疏忽而引起不良的直播效果。为了确保直播当天的人气，新媒体运营团队还需要提前进行预热宣传，鼓励粉丝提前进入直播间，静候直播开场。

（3）直播执行：直播营销的第三大环节是直播执行。前期筹备是为了现场执行更流畅，因为从观众的角度，只能看到直播现场，无法感知前期的筹备工作。为了达到已经设定好的直播营销目的，主持人及现场工作人员需要尽可能按照直播营销方案，将直播开场、直播互动、直播收尾等环节顺畅地推进，并确保直播的顺利完成。

（4）后期传播：直播营销的第四大环节是后期传播。直播结束并不意味着营销结束，新媒体运营团队需要将直播涉及的图片、文字、视频等，继续通过互联网，传播给未观看现场直播的粉丝，让直播效果最大化。

（5）效果总结：直播营销的第五大环节是效果总结。直播后期传播完成后，新媒体团队需要进行复盘，一方面进行直播数据统计并与直播前的营销目的作比较，判断直播效果；另一方面组织团队讨论，提炼出本场直播的经验与教训，做好团队经验备份。每一次直播营销结束后的总结与复盘，都可以作为新媒体团队的整体经验，为下一次直播营销提供优化依据或策划参考。

案例分析

近年来，"双11"已经成为消费者心目中的购物狂欢节。2016年11月10日，京东与360花椒直播合作，策划了一场从8:00到20:00共12小时的花椒直播秀。结合本节内容不难发现，本次直播完全基于上述"整体思路""策划筹备""直播执行""后期传播""效果总结"五大环节进行设计与推进，是一场非常成功的直播营销活动。

课堂讨论

结合以上京东"双11"期间与360花椒直播合作的案例进行分析：如果你最喜欢的明星在直播中试用并推荐某产品，你会去购买吗？为什么？

2.2 直播用户画像与分析

企业在推广一个产品时,需要对产品用户有一个深入的了解,即精准的用户画像。那么用户画像的维度包括哪些方面?怎么进行目标人群的画像分析?用户画像分析的要素包括哪些方面?如何做用户画像分析?用户画像分析的作用有哪些?

1. 用户画像分析的基本要素

用户画像分析可以从其社会属性、心理属性、兴趣特征、消费特征、位置特征、设备特征、行为数据、社交数据等维度进行分析。

(1)社会属性:包括年龄、性别、地域、血型、受教育程度、职业、收入、家庭状况、身高、体重等基本信息;

(2)心理属性:包括性格、能力、气质、价值观、情感、思维等;

(3)兴趣特征:浏览内容、收藏内容、阅读咨询、购买物品偏好等;

(4)消费特征:与消费相关的特征,通常以收入多少来划分;

(5)位置特征:用户所处城市、所处居住区域、用户移动轨迹等;

(6)设备特征:使用的终端特征等,如手机品牌、安卓还是ISO系统、移动还是PC端、使用5G还是WiFi等;

(7)行为数据:访问记录、访问时间、浏览路径等用户在网站的行为日志数据;

(8)社交数据:用户社交相关数据,包括圈子、兴趣爱好、互动行为等。

2. 用户画像的作用

用户画像可以围绕产品进行人群细分，确定产品的核心人群，从而有助于确定产品定位，优化产品的功能点。同时，也可以帮助企业进行市场洞察、预估市场规模，从而辅助制定阶段性目标，指导重大决策，提升投资回报率（Return On Investment，ROI）；更有助于避免同质化，进行个性化营销。用户画像分析的作用主要体现在以下五个方面：

（1）精准营销：根据历史用户特征，分析产品的潜在用户和用户的潜在需求，针对特定群体，利用短信、邮件等方式进行营销；

（2）用户统计：根据属性、行为特征对用户进行分类后，统计不同特征下的用户数量、分布，分析不同用户画像群体的分布特征；

（3）数据挖掘：以用户画像为基础构建推荐系统、搜索引擎、广告投放系统，提升服务精准度；

（4）服务产品：对产品进行用户画像、受众分析，更透彻地理解用户使用产品的心理动机和行为习惯，完善产品运营，提升服务质量；

（5）行业报告与用户研究：通过用户画像分析可以了解行业动态，如人群消费习惯、消费偏好分析、不同地域品类消费差异分析。

简单来说，所谓的用户画像，无非就是根据用户社会属性、生活习惯和消费行为等信息而抽象出的一个标签化的用户模型，也就是将用户信息标签化。可以根据这些标签，建立用户画像进行精准营销，进而不断提高广告投放的转化率。

3. 目标人群画像的步骤

通过用户群体画像，已经能够持续地监测产品运营状况，如观察产品关键指标的变化、关注用户到目标的转化趋势、分析用户的留存回访等。

定位目标人群的"样子"就是从目标客户群身上找出共同的特征，如年龄、爱好、受教育程度、生活环境、经济收入等。通过这些特征可以快速在网络世界中找到他们，然后有针对性地去解决他们的痛点。

（1）产品优势和卖点。首先要列出产品本身的主要优势和卖点。以减肥产品为例，先将减肥产品的卖点和优势罗列成：快速瘦身减肥；纯天然植物提取，产地正宗可靠；减肥机理安全，无副作用；不打针、方便；不反弹；免费试用，名人使用；真实案例，媒体推荐，认证信息等。

（2）解决用户痛点，引起情感共鸣。罗列出优势和卖点后，就可以从优势和卖点出发，思考以下两点：产品能帮助用户解决什么困难？如何让用户在情感上找到共鸣？

1）客户忧虑：太胖了对身体不健康，很多减肥产品没有效果，有副作用，怕反弹等。

2）情感共鸣：女性有变美的渴望，在朋友面前没有面子，找不到男朋友，对事业有影响，买衣服没有合适尺码，自卑厌恶自己等。

（3）定位目标用户属性。针对以上的用户痛点和情感共鸣进行延伸，定位目标人群所具备的属性。可以通过以下四种方法来定位目标人群的属性：

1）自我假设。自我假设就是自问自答，可以从多个角度去假设，来判断什么样的群体会有上面所说的困难和焦虑，如性格、年龄、学历、区域、爱好、工作、经济收入、业余活动、崇拜偶像等。

①假设一（年龄）：多大年龄的女性会特别在意自己的身材？应该是谈恋爱或者想谈恋爱的人群，或者是产后身体发福中年女性比例较多。

②假设二（收入）：上班只能维持温饱的女性会花钱减肥吗？应该是除去日常开销后还有闲钱的，收入偏中上的女性。

③假设三（爱好）：关注自己身材的女性都会喜欢什么网上平台？应该喜欢浏览一些自拍、爱美的社区，经常会关注减肥达人的微博、微信公众号等；或是健身减肥类的App、QQ群、微信群等。

还有很多其他的假设，就不一一举例了，读者可以拓展自己的思维，任意想一种产品，然后沿着这种思路去发现这种产品目标用户群的形象定位。

2）询问朋友。可以咨询身边的朋友，尤其是产品目标人群范围内的那些朋友，可以与他们多交流，挑选一些比较好的建议，具有普遍性的可以作为定位精准目标人群画像思路。

3）用户反馈。从用户的反馈中来分析之前的用户群定位是否准确，是否已经解决大部分用户的痛点，或者他们身上还有哪些潜在需求是没有注意到的，可以进一步去满足的。所以，一定要利用好用户反馈，它可以帮助改进产品，还能帮助拓展更多的精准用户群。

4）网上查找资料。通过网上查找资料方式来定位目标人群，可以下载与产品相关的统计报告（如艾瑞、易观国际）、搜索指数（如百度指数）、数据统计后台（如百度统计）等。

（4）细分卖点。筛选目标用户群的大致属性分类以后，可以说基本上找到了目标人群的轮廓，但是这种大致的人群属性，竞争很大，所以要选择一个比较好做的市场，也就是细分需求或者细分人群（也称细分卖点），这样定位才会更加的精准，客户的需求才会更加的强烈。

所以，为了筛选出更加精准的目标人群，要在产品卖点和优势上面加入市场和竞争这两个维度。换而言之，就是人无我有，人有我优，这样才能得到目标用户的认可。那么如何才能不随波逐流，去细分卖点呢？以下介绍几个细分思路：

1）从产品人文关怀出发：例如，减肥产品可以免费赠送减肥前后对比效果图片，做一个减肥历程的小视频，可以分享到朋友圈、微博上；或者收集客户资料，筛选单身客户，减肥成功后系统充当红娘，帮忙寻找心仪的他（她）。

2）从产品特色创意出发：如可以免费试用，见效后再付钱；目标人群针对孕妇产后肥胖，并赠送完整的减肥方案，或者提供科学健康的减肥食谱。好的创意有很多，要善于发现才可以。

（5）针对目标用户营销。细分市场和卖点以后，网站运营中对目标人群的定位就基本上成功了。套用营销中的俗语，就是"鱼塘已经找到了"，针对这些人群做的营销才是最合适的，转化率才会大大提升，最终起到事半功倍的效果。然后要做的就是找到这些"鱼"，并且将它们钓上钩。

2.3 直播营销方式

常见的直播营销方式有颜值营销、采访营销、明星营销、对比营销、稀有营销、利他营销、才艺营销等。

1. 颜值营销

在直播经济中，"颜值就是生产力"的说法已经得到多次验证。高颜值的容貌吸引着大量粉丝的围观与打赏，而大量粉丝围观带来的流量正是能够为品牌方带来曝光量的重要指标。

2. 采访营销

采访营销是指主持人采访名人嘉宾、路人、专家等，以互动的形式，通过他人的立场阐述对产品的看法。采访名人嘉宾，有助于增加观众对产品的好感；而采访路人，有利于拉近他人与观众之间的距离，增强信赖感。

3. 明星营销

顾名思义，就是请明星来到直播间，借助其自身的流量来宣传、促进产品的销量。

4. 对比营销

对比营销就是企业通过各种直观的方法将本企业的产品或服务与竞争对手的产品或服务在实际功能、质量上的异同清晰地展示在消费者面前，方便消费者判断、选购。

5. 稀有营销

稀有营销适用于拥有独家信息渠道的企业。其包括独家冠名、知识版权、专利版权、唯一渠道方等。稀有产品往往备受消费者追捧，而在直播中稀有营销不仅仅体现在直播镜头为观众带来的独特视角，更有利于利用稀有内容直接提升直播室人气，对于企业而言也是最佳的曝光机会。

6. 利他营销

直播中常见的利他行为主要是知识的分享和传播，旨在帮助用户提升生活技能或动手能力。与此同时，企业可以借助主持人或嘉宾的分享，传授关于产品使用技巧、分享生活知识等。

7. 才艺营销

直播是才艺主播的展示舞台，无论主播是否有名气，只要才艺过硬，都可以带来大量的粉丝围观。

2.4 直播营销组合模式

现如今最常见的直播营销组合模式有品牌＋直播＋明星、品牌＋直播＋企业日常、品牌＋直播＋深互动等方式。

1. 品牌＋直播＋明星

"品牌＋直播＋明星"在企业直播营销的所有方式中，属于相对成熟、方便执行、容易成功的一种方式。明星往往拥有庞大的粉丝群，产生的效应可以迅速抓住观众的注意力，进而产生巨大的流量。所以在大多数情况下，企业想要通过直播塑造品牌形象时，一般都会优先考虑拥有固定形象的明星。但是需要考虑的是，这种方式虽然见效快，但也有一定的缺陷。大部分明星很难留下影响较为深远的话题，而且明星直播已经被大量企业利用，观众对明星的好奇心被大量消磨之后，其产生的效益也会大量减少。因此，企业在利用这种直播方式进行营销活动的时候，要学会把握时机，适当利用。

2. 品牌＋直播＋企业日常

在直播的时代，个人吃饭、购物等日常活动都可以作为宣传个人IP的直播内容，那么企业的日常同样也可以作为直播内容进行品牌宣传。所谓的"企业日常"，指的是企业制定、研发、生产产品的过程等,甚至企业开会的状态、员工的工作餐都属于"企业日常"。这些对于企业来说稀松平常,甚至还有点琐碎的小事,对于消费者来说却是掩盖产品光环下的"机密"。因此,将"企业日常"挖掘出来,搬上直播平台也是一种可以吸引观众注意力的直播营销方式。

3. 品牌+直播+深互动

现在业界对于直播营销的探索还在进行中,但是有一点已经形成共识:直播最大的优势在于带给用户更直接、更亲近的使用体验,甚至可以做到零距离互动。但这点实际上是最难以创新的一种直播营销方式。因为直播本身就具有高效的互动性,所以企业想要让品牌通过直播平台与消费者进一步"深互动",则需要极大的创新思维。但是,一旦企业对"品牌+直播+深互动"有了正确的创新思路,就会获得相当可观的成果。

第 3 章

直播运营方案策划

第3章 直播运营方案策划

学习目标

【知识目标】

1. 淘宝直播的发展历程与运作模式；
2. 了解淘系直播的分类；
3. 了解头条系直播的分类；
4. 了解其他直播营销模式。

【技能目标】

1. 掌握淘宝直播的内容和产品分类；
2. 掌握抖音短视频内容生产逻辑及分发。

【素质目标】

树立风险意识，按照"一人一事跟进到底"要求，精益求精策划直播运营方案，培植工匠精神。

本章要点

1. 直播方案策划流程；
2. 直播品类规划；
3. 直播宣传与引流；
4. 直播平台的设置与测试；
5. 直播风险预案设计。

素质提升

观看视频：《但是还有书籍》。请大家思考并讨论以下两个问题：

1. 直播内容创作的核心与精神生活富裕的内在关联是什么？
2. "塑时代新风，共建美好精神家园"在直播引流内容创作中的重要意义有哪些？

3.1 直播方案策划流程

一个大型的直播,由高级管理人员确定方案并抽象概述,将其思路明确传达给参与人员制作方案,最后由各项负责人落地推进。

一个直播方案包含直播目的、直播简述、人员分工、时间节点、预算控制五大要素。

直播项目操盘规划主要用来保障项目推进的完整性,主要以"直播项目操盘规划表"(见表3-1)的形式出现。为保障项目能够顺利进行,项目跟进规划需要设计项目跟进表,按照"一人一事跟进到底"的原则,有利于在项目执行中就某一板块通过该事项负责人进行全面了解。

表3-1 直播项目操盘规划表

时间	6月1日 星期四	6月2日 星期五	6月3日 星期六	6月4日 星期日	6月5日 星期一	6月6日 星期二	6月7日 星期三	6月8日 星期四
阶段	前期筹备				直播执行		后期发酵与传播	
场地								
直播硬件								
宣传								

3.2 直播品类规划

直播品类规划在直播运营中十分关键，直播品类选择是否得当直接影响直播效果。本书选取美妆护肤、零食、服装家纺、家用电器四大品类进行分析。

1. 美妆护肤

2018年，电商已成为我国美妆护肤第一大销售渠道（27.4%），其次为商超（24.5%）、日化专营店（18.3%）和百货（18.1%）。2003—2018年的15年间，日化专营店蓬勃发展，占比从2003年的9.5%上升到2018年的18.3%，从边缘渠道成长为主流渠道之一。电商渠道则后来居上，伴随互联网用户红利，化妆品行业线上渗透率从2009年的不足1%上升到2018年的27.4%；而百货、商超等传统渠道占比持续下降。另外，据国家统计局数据显示，2019年1—10月，社会消费品当中化妆品的零售总额是2 382亿元，同比增速12.1%。

美妆行业的利润也非常高，根据2019年中国美妆行业研究报告显示，化妆品公司的毛利率在60%以上，网红品牌的毛利率为60%~80%。电商、零售商、经销商这些渠道的毛利率也都保持在20%~40%。高利润率和复购率让化妆品品类成为直播电商的热门品类，据知瓜数据对2019年双十一预售第一天前晚（2019年10月20日）李佳琦与薇娅直播的统计，其化妆品品类商品占比分别高达82.06%和45.61%。两位头部主播在近一年直播品类的选择上也有相似的趋势，化妆品均为占比最大的品类，分别为25%和36%。

据天猫数据显示，在 2019 年双十一开场 10 分钟，百雀羚就宣告成交破亿；13 分钟，完美日记同样破亿；截至 1 点，天猫双十一过亿品牌达到 84 个，其中美妆品牌占据 11 个，国货美妆占据 4 个。

2. 零食

据调查数据显示，2018 年我国休闲食品市场规模为 3 441 亿元，同比增长 4.1%。对比 2018 年中美包装食品消费结构，中国休闲零食的占比仅为 19.2%，远低于美国 30.6% 的水平，未来增长空间巨大。预计 2023 年我国休闲食品市场规模可达 4 415 亿元，年复合增速为 5.1%。2018 年零食行业电商销售额为 621 亿元，同比增长 23.4%，电商渗透率达 11%，较 2011 年提升 10.4%。随着电商红利的弱化，线上增速也呈现放缓趋势。欧睿国际数据显示，超市卖场仍是主要销售渠道，占比 60%，其次是连锁专卖店，占比 20% 以上，电商渠道销售占比在逐年上升。线上渠道效率更高，可服务于囤货、计划性购买、非迫切的随机需求。线下则可以更好地满足消费者对"吃"的即时性需求，但或将由传统商超及购百主导，进化为周转效率更快、数字化程度更高的渠道形式。例如，超市的自我改造与即时配送体系相融合，或形成独立连锁体系。

目前，零食电商无论货架式、搜索式销售还是直播电商，都是采用"大爆款引流 + 连带中小爆款"的销售模式。随着"大爆款 + 中爆款 + 小爆款"的"爆款矩阵"逐步形成，零食品牌商的产品结构得以在电商渠道不断被优化。

3. 服装家纺

从整个服装家纺行业来看，根据国家统计局数据：2019 年

1—11月实物商品网上零售额同比增长16.5%，限额以上服装鞋帽针纺织品零售额增长3.0%，前者增速显著高于后者。服装家纺行业电商运营模式主要可以分为直营与加盟两种。其中，根据订单管理、商品配送及交易结算等运营方式的不同，电商直营模式又可以分为以淘宝、天猫、京东为代表的服务平台模式（开店）和以唯品会为代表的平台客户模式（供货）。电商加盟模式主要是公司将产品销售给电商加盟商后，由后者通过其在淘宝、天猫、京东等开设的加盟网店进行电商销售。从细分品类来看，家纺和大众休闲服饰线上收入占比较高，分析背后原因，其共性为：一是线上业务占比高的企业往往在电商平台发展的早期即开始进行线上渠道布局，具备先发优势；二是该类企业将电商渠道置于重要战略地位，设置专门高级管理人员负责电商业务。

  目前，服装家纺行业电商主要的平台还是以传统的淘宝、天猫、京东、唯品会为主，预计未来社交电商的占比会不断提升。一方面是因为传统电商面临流量枯竭，而社交电商借助社交网络实现低成本引流，行业爆发式增长；另一方面社交电商通过信任机制促成购买行为，转化率高。

  服装家纺企业进行电商直播的显著优势有：作为非标品，服装线上与线下消费过程主要差距之一在于体验环节，服装类产品进行直播销售时主播类似线上导购可以进行产品展示与观众互动，动态直观展示服装产品效果，缩短消费者决策时间；可以一次性展示多款产品，通过搭配方式增加购买连带率；可以通过直播触达低线城市消费者直接进行销售，相较于传统线下销售方式来说，省去了中间的层层代理环节，价格上具备吸引力。服装家纺企业拥有丰富的产品和优质的供应链体系，大部分品牌服装家纺企业电商团队运营成熟,具备快速拓展电商直播业务的条件。服装家纺产品有品牌背书,款式多元,淘宝主播可以扩充产品品类,品牌原有消费者可以给主播带来新增流量。

4. 家用电器

电商崛起对于家电行业有两方面的影响:一方面是渠道的结构性调整,原本线下的消费转移至线上,消费者的购买过程变得更为便捷、高效;另一方面电商崛起乃至互联网的普及加速了消费升级深化的进程,在此过程中,人们购买了更多品类的家电也在一定程度上提升了家电整体市场规模。但是随着线上流量成本的持续提升,家电企业或将重归线下,从单纯的线上发展寻求线上线下有机融合的新零售模式:"线下体验、线上购买"有望成为未来重要的零售模式。

综上所述,首先直播电商对于体验性强、毛利率高、单价低、退货率低、复购率高的相关品类更为受益,如服装鞋帽、美妆个护、休闲食品等。其次直播电商还处于红利期,虽然低价品牌商品居多,但未来品牌化将是长期方向:一方面是传统品牌借助直播拓展更大的市场,特别是下沉市场;另一方面则是现有的一批达人品牌和产地品牌将借势崛起。

3.3 直播宣传与引流

直播能否产生效果,有没有用户观看,主要看直播宣传与引流工作做得是否到位。直播宣传与引流最常用的方法有硬广引流、软文引流、视频引流、直播引流、问答引流、线下引流等方式。

1. 硬广引流

硬广即硬广告的简称。企业新媒体团队可以利用官方媒体平台，直接进行直播宣传推广。常见的官方媒体平台包括官方网站、认证微博、官方微信公众号等。由于官方媒体平台属于企业的自有媒体，因此可以直截了当地将直播时间、直播账号、参与嘉宾、抽奖与惊喜等详细列出，完整地告知粉丝，并邀请其传达给自己的好朋友。

2. 软文引流

与硬广告相比，软文突出一个"软"字。从用户角度来看，在标题、开头、正文等部分看不出任何广告的迹象，阅读到结尾后才能发现直播的宣传信息。软文引流需要注意两个细节：第一是相关性，软文需要投放到目标用户活跃的平台或账号，否则推广效果就会大打折扣；第二是目的性，虽然是软文，但需要在文末引导用户点击直播间网址或下载直播软件。

3. 视频引流

视频之于文章，正如电视节目之于报纸。由于视频比文章更容易理解，降低了受众的认知门槛，因此越来越多的企业开始利用视频进行宣传推广。当前网民的生活节奏变快，没有一个小时以上的完整浏览时间，所以，短视频尤其受到用户的喜欢。在新浪微博、今日头条等平台，优秀的短视频可以达到上百万甚至千万级曝光效果。

4. 直播引流

直播平台通常有"推送""提醒"或"发布"功能，直播开始时，可以将直播消息直接推送给关注直播间的粉丝。因此，在直播开始之前，企业可以在同一直播平台进行预热，一方面鼓励观众关注直播间，积累原始粉丝；另一方面调试软件与硬件，争取在直播正式开始前达到最佳状态。

5. 问答引流

传统的问答网站包括百度知道、搜索问问等，用户可以在问答网站获得想知道的答案，企业也可以借助问答网站，友好地回答网友问题，同时为企业做宣传。除以上传统问答网站外，知乎问答、头条问答、果壳问答等，也都可以作为企业宣传与引流的渠道。例如，手机新品推广的直播，在开始前可以在问答网站回复"请推荐一款好用的手机""哪款手机屏幕比较大"等问题，在友好回复的同时宣传直播，引导网友前往直播间。

6. 线下引流

虽然直播营销属于新媒体营销的一部分，但传统渠道的引流效果也不容小视。如果企业有线下的渠道，如产品体验店、营业厅、线下门店等，完全可以借助线下渠道，以海报、宣传单等形式，宣传直播内容，引导线下消费者关注直播。

3.4 直播平台的设置与测试

首先，要设计直播封面。直播封面是观众进入直播前了解直播内容的窗口，尤其是直播活动与直播平台方有推广合作时，在直播开始前直播封面就出现在直播平台的显眼位置，可以为直播活动做预告，提升直播活动的关注度。

直播封面中的信息包括直播主题、直播时间、直播产品名、主播等。具体可以根据直播平台规则及活动需求进行设置，以达到能够让观众准确地抓住直播的核心信息为目的。

其次，是直播的第一幕画面。保持直播封面与直播第一幕画面的相关性，防止观众看到封面进入直播后发现内容与封面无关而产生心理落差,直播第一幕画面尤为重要,不专业的直播在前几分钟总是显示与内容无关或不和谐的杂乱场面,对于观看回放的观众而言,缺少有吸引力的直播镜头,往往会直接离开直播间。作为品牌方进行直播,切忌出现此类问题。

保持直播封面与直播第一幕画面的相关性,其中包含主播妆容与穿衣风格保持一致,封面图色调与直播场地装修保持一致。

直播软件的测试主要由两部分组成:第一是主办方视角,熟悉直播开始按钮、镜头切换方法、声音调整方法等操作;第二是观众视角,新媒体团队需要以个人身份注册直播账号,进入直播间观看,从普通观众的角度观察直播界面,如果发现问题需要及时优化。

观众视角测试比较简单,进入直播间后看画面、听声音、发弹幕,都没有问题,就可以结束。而主办方视角涉及相关操作,需要反复操作,做到熟练为止。

3.5 直播风险预案设计

直播时,由于主播处于高度紧张的工作状态下,难免会出现一些差错,如无意中说错话、介绍产品出错等,由于是直播,出错了无可回避,因此,设计完备的直播风险预案十分关键。

1. 无意中说错话

在直播工作中哪些地方更容易说错,说错话会表现在哪些方面?

(1)常见错误类型。

1)商品解说出现错误。

①商品的基本信息出错：参数、规格、价格等。

②商品的功能信息出错：用途、人群、场景等。

2）活动解说出现错误。

①活动内容解说错误：活动内容细节传达出现失误或者错误。

②优惠措施解说错误：单个商品优惠解说错误、多个商品优惠解说错误。

3）用户互动出现错误。记错人叫错名：老粉常来直播间，主播记错人叫错名。

4）其他信息错误：案例引用错误、故事分享错误、体验反馈错误。

5）各种形式的口误：口误经常出现在互动较多、紧张情况下。

（2）造成在直播工作中说错话的常见原因。

1）直播准备不充分：直播前未充分熟悉商品、活动信息及直播脚本。

2）直播经历较少：说错话多出现在新手主播直播间，因直播经验缺乏导致。

（3）直播时说错话的应对策略。

1）充分备课：直播前充分熟悉商品、活动信息及直播脚本。

2）多播多练：知识和技能是两种不同的事物，主播需要多播多练、熟能生巧。

3）及时纠正：在口误不严重的情况下，及时纠正或者通过自我解嘲化解尴尬。

4）诚恳承认：首先，主动承认错误；其次，粉丝指出的错误，在承认的同时，对粉丝指出的错误行为表示感谢。

2. 直播时挂错链接卖错产品

（1）挂商品链接的时机。

1）发直播预告时，此种方式比较适合店铺直播及未涉及秒杀活动的达人直播间在发布直播预告时，将商品按照既定的顺序上架（挂链接）。

2）即将讲解产品前，此种方式比较适合需要秒杀或者商品保密的直播间中（案例：老罗抖音直播），主播前一个商品刚刚讲解结束，场控人员立即将下一个商品链接挂到直播间。

（2）挂错链接的具体体现。

1）商品链接挂错。当场直播未涉及的商品，挂到了直播间。当场直播涉及的商品，出现了部分未挂直播间的情形。

2）商品顺序错乱。未按照既定的顺序（直播商品手册）要求挂链接。

3）商品利益点错乱。利益点出现了错别字、违禁字、语句不流畅的情形，错误地将其他商品的利益点放到某个商品链接上。

（3）挂错链接应对的措施。

1）发直播预告挂链接减少出错概率。

2）对照脚本及直播商品手册，挂商品链接。

3）挂完商品链接，检查3~5遍，排查链接、商品排序及利益点的问题。

（4）直播中挂商品链接减少出错概率的方法。

1）提前准备好即将上架商品的链接、利益点。

2）将每个商品的链接及利益点信息独立建立文件夹。

3）利益点错误：及时向粉丝道歉，并告知真正的利益点。

4）商品顺序错误：按照已经挂好的顺序开播。

5）多上商品链接：主播可以选择不解说，如果有粉丝问起可适当解说。

6）漏上直播链接：主播应及时提醒场控人员将链接补上，并在最后安排直播解说。

3. 直播时有黑粉捣乱直播秩序的解决方式

（1）直播间的"捣乱"情形。

1）恶意诋毁品牌。攻击直播间售卖商品的品牌。

2）恶意诋毁商品。攻击直播间商品。

3）恶意诋毁主播。攻击主播（含其他正在休息的主播）。

4）攻击其他粉丝。通过弹幕攻击直播间其他的粉丝。

5）乱带直播节奏。故意打乱主播的直播节奏。

6）未出现攻击情形。频繁发布广告，在直播间打广告。

（2）判断黑粉的方式

1）恶意诋毁品牌：黑粉。

2）恶意诋毁商品：黑粉。

3）恶意诋毁主播：黑粉。

4）乱带直播节奏：可能是黑粉。

（3）黑粉在直播间捣乱的原因简析。

1）竞争对手行为，通过捣乱行为使直播间无法正常开展直播，从而达到某些商业目的。

2）售后问题爆发，因售后问题得不到解决或者意见未达成统一，在直播间捣乱。

3）主播个人问题，主播乱承诺导致产生纠纷；在直播间怼粉丝遭遇回击。

（4）遇到黑粉主播的应对措施。

1）针对打广告行为：主播先提醒不要打广告，如果不听劝直接提醒场控禁言处理。

2）针对恶意诋毁行为：

①在不影响直播工作的前提下，主播需要先搞清楚问题所在。

②提醒粉丝可以先找客服沟通解决，并且告知下播后会与客服具体沟通。

③情节比较恶劣，不听劝且已经严重影响到直播工作的黑粉，直接禁言。

3）针对乱带直播节奏：及时提醒粉丝不要乱带节奏，不听劝者直接提醒场控禁言。

4）针对售后纠纷问题：婉转提醒找客服处理，或者提醒将具体问题发出，下播后具体处理。

5）针对主播个人问题：

①禁乱承诺，没有的福利不要"脱口而出"。

②禁怼粉丝，主播不能因个人情绪问题在直播间怼粉丝，遵从客户就是上帝的原则。

4. 直播时设备突然出现问题的快速解决方法

（1）电商直播的常用设备有台式电脑或者笔记本电脑；连接电脑的摄像头；直播麦克风；灯光组合：顶灯、面光灯、环境灯；插板：连接电脑、灯光的插板等。

（2）直播中设备容易出现的问题。电脑：死机、系统瘫痪；摄像头：无声音、无视频；麦克风：无声音、声音变调、出现噪声；灯光组合：部分或者全部坏掉；插板：突然损毁、误碰导致断电等。

（3）直播中设备出现问题的应对措施。

1）直播时电脑死机。及时重启，如果恢复正常状态，重新开播；在重启电脑同时场控与主播用自己的账号，在直播间提醒粉丝遇到问题马上回来。

2）系统瘫痪。如果重启依然无法解决问题，采用手机开播方式；在直播前需要准备一部手机。

3）摄像头无声音、无视频。及时检查连接线是否松动，如果连接线未松动，及时采用手机开播方式。在排查问题前，场控与主播用自己的账号，在直播间告知粉丝遇到问题马上回来。

4）麦克风无声音、声音变调、出现噪声。及时切换使用摄像头自带的麦克风。在切换过程中及时提醒粉丝，问题解决后及时在直播间告知粉丝刚刚发生的问题。

5）灯光坏掉。灯光部分坏掉，主播不停播，场控立即重新调整剩余可使用的灯光，并且将光线调试到最佳状态；因突发情况造成灯光全部坏掉，立即在直播间告知粉丝，主播立即寻找光线比较明亮的环境，采用手机开播。手机开播后，向粉丝解释情况，因光线严重不足且无其他解决方案则需要停播，及时告知粉丝。

6）插板突然损毁。立即替换新的插板，并及时告知直播间粉丝主播马上回来；误碰导致断电，重新打开电源按钮、开关，并及时告知直播间粉丝主播马上回来。

7）停电。参考"灯光"问题中"全部坏掉"的解决方案。

8）手机直播突然关机、黑屏、摄像头无法正常使用。用备用手机开播，及时提醒粉丝遇到的问题，主播马上回来。手机直播需要提前准备一部备用手机，且将相应软件安装好。

5. 直播时被粉丝恶意挖坑举报的处理方式

（1）直播被举报的几种情况：直播间违规被粉丝举报、价值观不符合粉丝举报、粉丝涉嫌恶意举报主播。

（2）粉丝给主播挖坑的原因：竞争对手商业行为，实现某些商业目的和目标；粉丝整蛊主播，通过整蛊主播享受快乐；粉丝恶意针对主播，为泄愤（或看不顺）采取的极端手段；直播粉丝性格使然，天生性格为客观问题。

（3）粉丝挖坑行为的应对措施。

1）牢记"热炉法则"。熟悉直播平台规则，红线规则牢记于心，坚决不触犯；红线规则打印出来，张贴于不出现在摄像头的明显位置。

2）分辨粉丝的要求。服装主播容易被挖坑，如要求主播脱掉（涉嫌违规）现有衣服更换某款衣服，如要求主播展示某些不适合通过特定方式展示的商品，其他人员应及时提醒。对于容易触犯平台规则的言行，场控、助理、运营、策划等相关人员要及时提醒与制止。

3）运营人员定期培训。运营人员定期搜集案例，给予直播人员培训指导。

（4）粉丝举报行为的应对措施。

1）存在违规行为：找出具体的违规行为、复盘出现违规的原因、牢记出现违规的场景、提醒自己不再违规。

2）不存在违规行为：找平台申诉，解除相应的处罚；强化给粉丝的体验，减少粉丝的敌对行为。

6. 直播时感觉身体不舒服的处理方式

（1）直播中身体不舒服的情况。

1）喉咙不适：咽干、咽痒、咽痛、声音嘶哑等；

2）身体疲劳：身体发软、困倦，直播始终不在状态；

3）感冒发烧：头晕、眼花、身体软；

4）女性例假：女性主播生理期到来，身体反应大。

(2) 直播中身体突发问题的应对措施。

1）无法正常直播。在条件允许的情况下，找其他/她主播替播；无法找人替播则需要停播，下播前向粉丝道歉并且告知具体原因；身体情况比较乐观，则坚持到下播，可继续直播。身体情况不是很好，但是可以继续开播，需要压缩直播时长，在下播前告知粉丝。

2）其他情况应对。针对未休息好出现的身体不适，在开播前可以喝咖啡；在直播工作中，注意随时喝水；直播工作的开展，注意保持一定的节奏，让身体始终都处于最佳的状态。

(3) 电商主播保持健康体魄的方式。

1）合理安排作息：保持每天6~8个小时的睡眠时间。

2）合理安排饮食：减少冷饮、辛辣食物的摄入，健康饮食搭配。

3）日常劳逸结合：

①不过度劳累及消耗体力，适当放松自己。

②在条件允许的情况下，通过各种方式锻炼身体。

4）有病及时就医：日常生活身体感觉到不适时立即就医，并且遵从医嘱。

7. 直播时商品被抢空，供货不足的处理方式

(1) 直播时商品被抢空的原因有商品促销、备货不足、商品测款、带货力强等。

(2) 直播时商品被抢空，产生供应问题的处理方式。

1）针对店铺直播：针对促销引起的商品被抢空，主播应及时

告知粉丝商品只有这些数量。针对备货不足引起的商品被抢空，策划、场控团队应及时与商品部门沟通；短时间内可以生产的，再次开放一定量的库存量（Stock Keeping Unit，SKU），主播提醒粉丝及时下单；短时间内无法生产的，主播及时告知直播间的粉丝，商品下次上线的大致时间。针对商品测款引起的商品被抢空，策划、场控团队应及时与商品部门沟通；开放全部预留的库存商品，并且在直播间提醒粉丝及时下单；短时间内可以生产的，再次开放一定量的SKU，主播提醒粉丝及时下单；短时间内无法生产的，主播及时告知直播间的粉丝，商品下次上线的大致时间。

2）针对达人直播：正常来说，达人与商家的合作都是定量的，商品被抢空需要与商家协商，商家愿意再"放血"，商家重新开放SKU，主播提醒粉丝继续下单；商家不愿意继续"放血"，主播则需要告知直播间粉丝实际情况，推荐其他同类商品，达人背后的机构每天都在不断的招商，主播可以向粉丝推荐同类型的商品替代。

第 4 章
直播间布置与直播技巧

第4章 直播间布置与直播技巧

学习目标

【知识目标】

了解直播视频、收音、电脑、灯光设备的选择。

【技能目标】

1. 会选择与布置各种直播场景；

2. 能处理直播过程中遇到的设备问题。

【素质目标】

培植严谨、专注、精益的科学精神。

本章要点

1. 直播设备选择；

2. 直播间布置；

3. 直播拍摄角度选择；

4. 直播带货技巧；

5. 直播控场技巧。

素质提升

组织学生以各小组为单位进行实操布光，学生在布光过程中，需要根据室温反复进行灯光参数设置，以实现最佳的光线效果。通过反复调节参数，培养学生严谨专注、精益求精的职业素养以及提高灯光设备用电安全意识。

要求：学生在调试灯管参数和位置时需要有严谨、专注、精益的科学精神。

4.1 直播设备选择

"工欲善其事，必先利其器"，优质的直播效果离不开专业软硬件设备的支持。在直播之前，需要优选直播设备，并将其调试至最佳状态。根据直播环境的不同，可将直播分为室内直播和户外直播两种。这两种直播所需要的设备有所区别。

一般需要六种直播设备，即电容麦克风（手机、电脑直播必备）、外置声卡（手机直播必备、电脑直播推荐）、监听耳机（手机、电脑必备）、直播电脑/手机、补光灯（电脑、手机直播推荐）、手机支架（手机必备）。

直播设备可分为电脑必备硬件和手机必备硬件。现在主流的直播是抖音、快手、陌陌、微信这类手机直播平台，对于手机直播来说，手机、外置声卡、监听耳机、手机支架是必备硬件。而在斗鱼、虎牙等娱乐类的直播平台里，用电脑直播的主播会多一些，对于电脑直播来说，必备硬件为美颜摄像头、电脑、监听耳机、外置声卡、电容麦克风等。

1. 电容麦克风

电容麦克风的音质和灵敏度基本上都优于动圈麦克风（图4-1），平时在舞台上表演的时候主要是用动圈麦克风和电容麦克风（图4-2），而录歌的时候适合用电容麦克风和铝带麦克风。

对于主播和唱歌好的人来说，电容麦克风是最合适的设备。电容麦克风能够录下更多的泛音元素及更多的音律细节，适合无杂音的环境下进行使用，因此，目前大部分主播的麦克风都会选择使用电容麦克风。

第4章　直播间布置与直播技巧

图 4-1　动圈麦克风

图 4-2　电容麦克风

2. 外置声卡

作为网络唱歌好的人来说,独立声卡是必不可少的设备,这种声卡拥有独立的音频解码,相比集成声卡来说,音质会有大幅的提升。而功能性外置声卡(图4-3)是目前主流的声卡,主要适用于电脑网络直播和网络K歌等。随着手机直播的流行,越来越多的外置声卡也都支持手机的运用。

外置声卡主要有支持伴奏、特效声(如变声、鼓掌喝彩、乌鸦声等)和加强音质三大功能。

在直播间配置一套功能性外置声卡,能够让整个直播的氛围和效果更好。

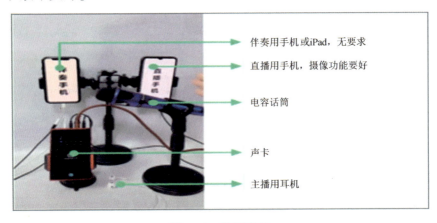

图4-3 外置声卡

3. 监听耳机

因为直播要密切关注自己的表演效果,以避免出现不协调的状况,所以这个时候就需要监听耳机(图4-4、图4-5),以便随时能够更好地去调整直播效果。

第4章 直播间布置与直播技巧

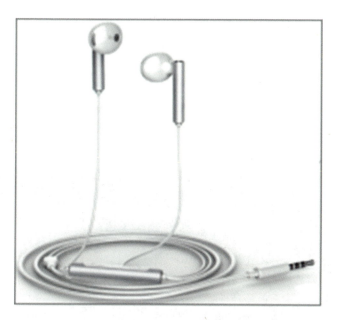

图 4-4 入耳式耳机

图 4-5 头戴式耳机

直播时,必备一台电脑或者伴奏手机,有条件的可以选择一台配置 OBS 视频录制直播软件的电脑(图 4-6),不仅能够播放伴奏音乐，同时，还能够随手查询资料，也不用担心手机没电的问题，功能比一个简单的伴奏手机强大。

而对于直播用的手机，就比伴奏的手机要求要高，因为直播最重要的是前置摄像头，所以直播的手机最好至少有 1 200 W 像素，这样成像效果才会比较好。

图 4-6　OBS 视频录制直播软件工作界面

4. 补光灯

一般情况下，一套完整的灯光设备包括环境灯、主光源、补光灯及辅助背景灯。它们共同打造一个光线充足却不刺眼的直播间。

（1）环境灯：起照明的作用，负责整个直播间的亮度，一般是直播间的顶灯或 LED 灯。

（2）主光源：起辅助作用，使主播脸部和产品所收到的灯光保持均匀，光线柔和，给观众舒适的视觉感受。

（3）补光灯：补光灯起到的是一个美颜的效果。例如，让主

第4章 直播间布置与直播技巧

播的皮肤看起来细腻有光泽,一般都会用圆圈补光灯,既能补光又能柔光。常用补光灯有环形补光灯和八角补光灯,如图4-7、图4-8所示。

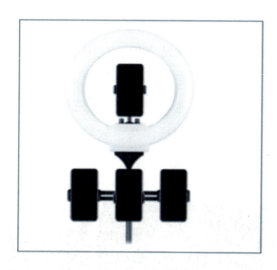

图4-7 环形补光灯

图4-8 八角补光灯

（4）辅助背景灯：一般是安装在主播身后的背景上，作用是装饰和烘托氛围。当直播间里的灯光不尽人意的时候，也可以通过调节辅助背景灯作为灯光的补充。

5. 手机支架和摄像头

手机直播必备的设备就是支架，在用手机直播的过程中需要选择一个好的手机支架，支架不仅可以稳定手机，还能够固定直播画面，让观众能够清晰地看到主播的直播状态。同时，摄像头通常可选择带有固定支架的摄像头、软管式摄像头、可拆卸式摄像头等（图4-9~图4-11）。

图4-9 带有固定支架的摄像头

第4章 直播间布置与直播技巧

图 4-10 软管式摄像头

图 4-11 可拆卸式摄像头

4.2 直播间布置

对于室内直播来说,直播间的环境布置是非常重要的,这是观众进入直播间后的第一视觉感受,会直接影响观众的观看体验。一个令人赏心悦目的直播间,往往能够快速吸引观众的观看兴趣。

直播房间的整体环境包括空间大小、背景颜色、前景陈列等。直播间要干净、整洁。根据直播内容定位直播间的整体风格。直播间的环境布置要与主播格调一致(图4-12、图4-13)。

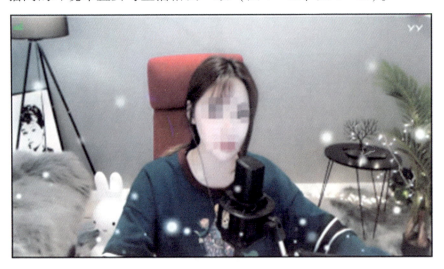

图4-12 泛娱乐类直播间

第4章　直播间布置与直播技巧

图 4-13　电商带货类直播间

1. 直播场地大小

一般情况下，直播场地控制在 8~20 m² 即可。如果是美妆直播，8 m² 即可，如果是穿搭类直播，可选择 15 m² 左右，有试衣服的空间。个人直播的场地标准为 8~15 m²，团队直播为 2~40 m²。直播前，对直播场地进行回音和隔声测试，隔声不好或者回音太大都会影响直播效果。

2. 直播背景墙

直播背景墙（图 4-14、图 4-15）最好简洁干净（转场活动直播除外），背景墙以浅色、纯色为主，简洁大方又明亮。另外，可以根据主播形象或者直播风格来进行调整。例如，如果直播风格是可爱风，直播背景墙或者窗帘可以用暖色；如果是成熟稳重风，则尽量以纯色的背景墙为主。一般情况下，灰色是摄像头最适合的背景色，不会过度曝光，视觉舒适，有利于突出服装、妆容或者产品的颜色。

图 4-14 背景墙设置示例 1

图 4-15 背景墙设置示例 2

3. 陈列货架

例如，若直播间卖衣服，就可以放衣架或者衣柜，将衣服摆列整齐；若是美妆，就可以摆一个陈列架，摆上需要推荐的产品。

4. 地面

有条件的，可以在直播间铺设吸声毯，来降低直播混响。对于带货的主播来说，直播间地面可以选择浅色系地毯、木地板，在美妆、服饰、美食、珠宝等展示时都能使用。

5. 装饰点缀

如果直播空间很大，为了避免直播间显得过于空旷，可以适当地丰富直播背景。例如，放一些室内小盆栽、小玩偶等，干净整洁即可。如果是节假日，可以适当地布置一些与节日气息相关的装饰，或者配上节日的妆容和服装，以此来吸引观众的目光，提升直播间人气（图4-16、图4-17）。

图4-16　装饰点缀示例1

图 4－17　装饰点缀示例 2

6. 灯光布置

灯源、光照角度、亮度、色温等不同的组合将产生不同的效果，直播间常用的灯光有主光、辅助光、轮廓光、顶光和背景光。

（1）主光：直播间主要光源，承担起主要照明的作用，可以使主播脸部受光匀称，是灯光美颜的第一步。

1）位置：放置在主播的正面，与摄像头镜头光轴成 0°～15°夹角。

2）效果：从这个方向照射的光充足均匀，使主播脸部柔和，达到磨皮和美白的效果。

3）缺点：从正面照射，没有阴影，使全脸看上去平面，没有立体感和层次感。

（2）辅助光：辅助主光的灯光，增加整体立体感，起到突出侧面轮廓的作用。

1）位置：从主播左右侧面 90°照射，左前方 45°打辅助光可以使面部轮廓产生阴影，打造脸部立体感；右后方 45°打辅助光可以使面部偏后侧轮廓被打亮，与前侧的光产生强烈反差（图4－18）。

2）效果：制造面部轮廓阴影，塑造主播整体造型的立体感。

3）注意：光照的亮比调节，避免光线太亮使面部出现过度曝光和部分过暗的情况。

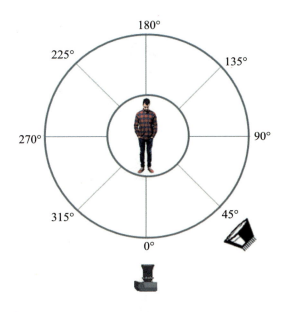

图4－18　辅助灯光照射角度

(3) 轮廓光：又称逆光，放置于主播的身后，勾勒出主播轮廓，可以起到突出主体的作用。

1）位置：主播身后。

2）效果：从背后照射出的光线可以使主播轮廓分明，将主播从直播间背景中分离出来，突出主体。

3）注意：作为轮廓光，一定要注意光线亮度的调节，如果光线过亮会造成主播背后佛光普照的效果。

(4) 顶光：顶光是次于主光的光源，从头顶位置照射，给背景和地面增加照明,同时加强瘦脸效果(图 4-19)。

1)位置:从主播上方照下来的光线。

2)效果:产生浓重的投影感,有利于轮廓造型的塑造,起到瘦脸的作用。

3)注意:顶光位置最好不要距离主播位置超过 32 m。

4)缺点:容易在眼睛和鼻子下方形成阴影。

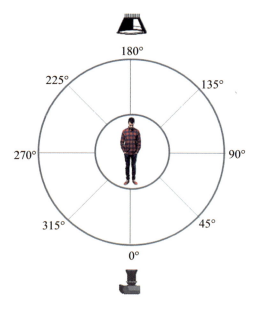

图 4-19　顶光照射角度

(5)背景光:又称为环境光(图 4-20),主要作为背景照明,使直播间的各点照度都尽可能的统一,起到让室内光线均匀的作用。但需要注意的是,背景光的设置要尽可能简单,切忌喧宾夺主。

图 4-20　背景光

4.3　直播拍摄角度选择

在直播过程中，主播能否找到合适的拍摄角度，使自己更上镜，也是影响直播画面效果的重要因素之一。拍摄角度是指摄像机镜头与被拍摄物体水平之间形成的夹角。拍摄角度包括拍摄高度、拍摄方向和拍摄距离。对于网络直播来说，所用到的拍摄角度主要有拍摄高度（图 4-21）和拍摄方向（图 4-22）。其中，拍摄角度主要分为以下三种：

（1）正面拍摄：正面拍摄是一种以反映人物或事物的正面特征为目的的拍摄视角。正面拍摄是一种基本的、最常用的拍摄角度。在拍摄人物时，可以展示人物完整的面部表情和特征，尤其是在拍摄近景时，感觉就像面对面的交流，亲切而自然。

（2）仰面拍摄：摄影（像）机从低处向上拍摄。

（3）俯面拍摄：与仰面拍摄相反，摄影（像）机由高处向下拍摄，给人以低头俯视的感觉。

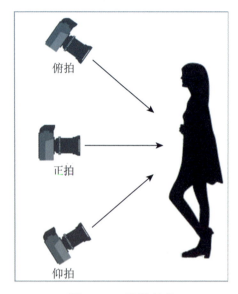

图 4-21　拍摄高度

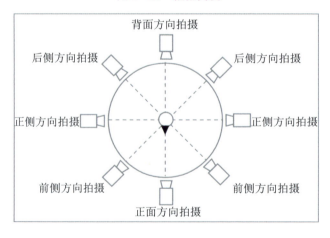

图 4-22　拍摄方向

4.4 直播带货技巧

直播带货就是通过短视频平台,吸引消费者来购买自己所售卖的产品。它可以投放广告或是与达人合作进行带货。

选择产品和定价一定要合理,选有足够利润空间的产品,商家要通过视频营销盈利,带货的人也要赚钱,故而商品售价中含有给带货人的返点佣金。然而直播间的售价一般是比较低的,这是怎么做到的呢?

(1)一部分情况是商家为了带货量而让利。有些主播带货量确实很大,所以就有了和商家谈价的筹码,用带货量去大幅压价,拿到一个很低的成本价,这样既可以卖一个全网最低价,又可以赚到钱。

但是从长远来看,这种单子并不是商家愿意长久接的单子,毕竟利润极其微薄,一不小心,就变成了赔本的买卖。

(2)售卖特制的网红定制款。许多主播在直播卖货的时候都会现场让观众去淘宝搜同款,搜索后发现确实有同款产品,定价299元,而直播间只卖89元。观众往往觉得直播间的很划算,然而搜索到的那个商品就是专门用来对比价格的,几乎没有销量,这个商品主要靠视频类营销来带货。

这个套路早已被商家玩得很熟练了,同一个产品,在线上和实体店标注不一样的型号,让买家无法做到绝对比价,从而避免很多麻烦。

(3)商家为了更好地清理库存,快速地实现现金流回笼。大部分做电商的商家,为了官方大促,活动期间备货过多,活动后商品不知如何消化。这个时候直播带货的机会就来了。

1）主播人设定位要精准垂直。很多主播都是草根出生，为了能够与自己的粉丝没有距离感，走"好友推荐"人设。其中，有些主播经常会开聊天帖，也会在粉丝都知道的"小号"里在不经意之间透露自己工作背后的辛酸，让受众体会到光鲜亮丽的主播也与普通人一样，会生病、疲劳、熬夜，他们为了事业而牺牲了爱好、社交等，这种像极了普通人生活的故事，能够瞬间拉近粉丝与主播之间的距离，能够帮助主播成功圈粉。

此外，主播要与观众战线一致，跟着观众一起去和商家讨价还价，获得观众的信任，降低观众心理门槛。

2）不要太轻易地跨界。例如李佳琦，大家熟知他的人设是"口红一哥"，因其超强的带货能力，不粘锅的厂家找到他，然而李佳琦在直播中却出现了巨大的失误，不粘锅在煎蛋的现场粘得一塌糊涂。虽然后续李佳琦的公关处理得当，但是这一翻车给主播们敲了一个警钟。

与此同时，还要给观众一种占了便宜的感觉，主播卖货并非光靠低价，更多的是通过优惠券、赠品、限量、限价去调动观众对产品的好奇心和兴趣，给观众一种占便宜的感觉。现在的观众要的不是便宜货，也不是占便宜，而是占便宜的感觉。主播不停渲染营造着"今天限量2 000单，多的没有，抢完就没有了！""你现在不买就再也捡不到这个便宜"的氛围，使观众产生晚下单一秒就没货了，此时不剁手、更待何时的感觉。

3）顺应平台规则。淘宝基于自己的天然平台优势，又是踏足直播带货早的机构，销售转化率还是最高的，一般生活消费品类最畅销。

快手和抖音是内容为王，按照内容的更新度、观看量、互动情况等为内容排序和导流，区别在于快手注重私域流量沉淀，粉丝黏性强，适合推广单价一般在 300 元以下的产品；抖音流量大，但是因其算法导向限制，导致抖音流量都不能私有化，所以转化率并不高，转化比较好的是美妆类产品。除以上带货量较大的平台，也有一些其他平台纷纷试水，加入不同的元素。拼多多初次试水就将裂变玩法搬进了直播间。京东也正在推进红人孵化计划，并至少为此投入 10 亿资源。"种草平台"小红书也将电商直播，让创作者可以搭配笔记玩法、连线玩法和红包玩法进行直播。

4）保持高频的更新。营销一定是要保持连续性，效果才明显。李佳琦在接受记者采访时说，一年 365 天自己直播了 389 场。这样高强度、高频率的直播是为了培养粉丝观看直播的习惯，保持忠诚度。

同时，细心的答疑或者具有娱乐性的沟通，能够拉近 KOL 与观众之间的距离，实现情感共鸣，建立起主播与观众之间的亲切度和信任感。这样，带货就顺理成章了。

4.5　直播控场技巧

对于自己直播领域的知识，一定要信手拈来，表现出专业的水准。如是秀场主播，就要对秀场直播的类型有所了解，对秀场的表演方式、粉丝互动、平台规则等有所掌握。如是游戏主播，要对这个游戏的所有场景、人物介绍、攻略等都要熟记于心。

而做到以上这点就要用心准备好每期的直播主题内容，为了直播的质量效果，主播可能需要在下播时学习舞蹈、收集段子，还需要提前预知观众的问题，站在观众的角度去想问题，减少因答不出而尴尬的概率，这个过程也是对专业水准的积累。

遇事机智应对，这种情况最为常见的就是户外直播，直播是一场无法再现的真人秀，遇到任何意外都会在观众面前暴露无遗。它不像录制节目，可以经过后期剪辑达到笑点、高潮，错过就错过了。因此，直播对主播的现场应变能力、知识能力有着极高的要求。当出现意外情况时，主播一定要冷静，先做好圆场，留下处理时间给自己。例如，户外直播的过程中信号不稳定是常见的事情，可能会出现卡顿的情况，出现这种情况，首先要做好道歉的准备，然后准备一些新的内容活跃气氛，再次吸引观众关注。危机发生时，主播要将自己当成主持人，多想救场的办法。

所以在控场上，最重要的就是主导话语权，主播只有懂得更多，传递的内容才会更多。

第 5 章
主播打造

第5章　主播打造

学习目标

【知识目标】

1. 了解四大主要淘系直播形式；
2. 了解淘宝直播中控台各功能；
3. 了解直播页面功能和使用方法。
4. 了解直播常见问题及解决措施。

【技能目标】

1. 会开通主播开播账号；
2. 会灵活运用淘宝直播中控台各功能；
3. 会打造淘宝主播人设。

【素质目标】

"主播人设可以打造，但万万不可捏造"，塑造健康、真诚、文明的主播。

本章要点

1. 主播人设打造；
2. 主播形象塑造；
3. 主播心理素质实战；
4. 主播 IP 打造；
5. 主播带货变现能力提升。

素养园地

辛巴假燕窝事件

2020 年 11 月，有消费者质疑头部主播辛巴徒弟直播间售卖的燕窝是糖水。11 月 27 日晚间，辛巴回应称，将召回辛选直播间销售的全部燕窝产品、先行承担退一赔三责任，共需先退赔 6198.3

万元。截至2020年12月6日中午，他们已向27270名消费者完成近2400万元的赔付。

无论是直播带货还是时尚网红都是新生事物，肯定存在成长中的短板，而行业存在有意违法违规行为也是老生常谈，肯定会出现钻空找漏的劣行，直播带货是企业成长的加速器，绝不是违规违法的载体，针对线上营销国家的法规越来越完善，监管越来越严格，用好直播带货，找对主播，企业的规范是一个大前提。违背这个前提，后果很严重。

思考：你认为一个合格的主播应该具备哪些素养？

5.1 主播人设打造

在竞争日益激烈的直播行业，主播只有不断提高自身才艺水平或专业能力，才能在这个行业有立足之地，否则只会被市场淘汰。

想成为一个合格的主播并不容易，需要对自身进行修炼和包装，一个优秀的主播一定是有其独特的人格魅力。所谓的人格魅力就是来源于主播对自己的人设的定义，简单来说就是观众对主播的外貌、穿衣打扮的固有形象，以及性格的印象。

通过人物设定可以让自身的定位更加鲜明立体，让观众通过一个关键词或者一句话就记住主播。所以，人设一定要有记忆点，没有记忆点的人设都不可能成为成功的人设。人设打造有三种方向：专家学者，通过输出专业的知识内容，打造自己的专业形象，塑造个人品牌；热门网红，通过展示才艺、拍摄段子，如唱歌、跳舞等打造娱乐形象来吸粉；专业达人，如测评手机的功能，研究每款口红的使用效果，也是一种很好的定位方法。

人设定位使每个人身上都有闪光点，这个闪光点就是很多人喜欢主播的原因。主播可以和很多人聊天，将他们喜欢自己的点当作优势和定位。例如，目前电商直播的"口红一哥"李佳琦，他之前就是欧莱雅柜台的彩妆师，要做到比女生还会化妆的男生不容易，故而"比女生还会化妆的男生"就是他的人设，专业且有魅力。选对产品做电商主播，除粉丝外，最重要的就是产品。主播要选择一个符合自己定位的产品，找到属于自己、适合自己的产品，并且愿意将它分享给别人。合适的产品对于人设有强化作用。

想要通过自我介绍让更多的人能记住自己，首先要找到与观众的信任和共鸣。信任来源于专业，之前学过的专业，或者从事的职业都是非常好的背书；共鸣来源于经历、爱好、情感和观点，这些事情讲述出来，会获得不少粉丝，使主播的人设更加立体饱满。主播在做直播之前，不妨先将自我介绍更好地梳理。直播间里的介绍或欢迎语能让新进来的观众更快速地了解主播，因此主播的直播介绍和欢迎语也不能忽视。为了吸粉和让粉丝回访，主播的直播特色、主要讲述的内容，下次会讲述的内容，好的主播经常会在直播间重复这些话。互动强化人设，并与粉丝拉近距离，新零售时代下，卖货一定是先社交、后成交。当主播没有与观众建立起充分的社交关系时，总想着通过优惠的方式，让观众来买产品，其实已经很困难。因为主播能给的优惠，竞品也能给。这时主播比拼的就是谁的互动性做得更好。谁的互动性好，观众很有可能就会选择谁。牢记主播人设里面最核心的三个要素，即敢自嘲、敢自黑、敢自恋。如果能将以上几点都做到，一个成功的人设就建立起来了。

5.2 主播形象塑造

花无百日红，人无千日好，所以不断地给粉丝一个新鲜、积极向上、不断提升和改变的主播形象，对于想提升自身在直播界的档次和收入的主播来说，是非常关键的。

首先，作为一名主播，妆容应大方得体，穿着应符合自身气质、直播内容和观众观感。

专业主播的形象特征包括自信、有趣、定播、耐心和专业。自信容易感染人，更容易使观众信任主播。有趣的主播会让观众不会轻易离开，停留时间长、成交率高。定时开播能让观众逐渐养成在特定时段看直播的习惯。耐心是电商主播有成果的最大助力。专业化是主播开展电商直播必经之路。

塑造专业主播形象的方法有以下几点：

（1）自信：让直播具有感染力。形象彰显气质："到什么山，唱什么歌"，形象匹配产品；语言轻快流畅：语言是判断人是否自信的最好工具之一；表情自然坚定：严禁面无表情、表情呆滞、面露愁容开播。

（2）有趣：让直播内容生动不枯燥。非负面口头禅：如李佳琦直播时常使用的OMG，效果好；解说生动诙谐：如段子手朱广权在新冠疫情期间直播售卖湖北农特产品；解说不枯燥：严禁新闻播报一般"有板有眼"地开展电商直播。

（3）耐心：给观众上帝一般的待遇。无人互动时，按照直播脚本规划开展直播工作，忌不耐烦。互动太多时，逐一回答问题，并提醒场控通过文字配合回答。

（4）定时直播：与观众建立信任链接。开播前提醒：发直播预告、站内社群提醒、站外社群提醒；开播后通知：发直播公告、站内社群通知、站外社群通知；下播后维护：告知下单商品尽快发出、感谢观看捧场。

5.3 主播心理素质实战

要想成为一名出色的主播，一定要有过硬的心理素质，若主播没有良好的心理素质，很容易被打击得灰心丧气。

（1）学会自信。想保持良好的直播心态就必须要学会自信，自信是成功的前提，也是快乐的秘诀。唯有自信，才能在困难与挫折面前保持乐观，从而想办法战胜困难与挫折。俗话说得好：尺有所短，寸有所长。可能现在还是一个小主播，但是要相信自己也可以成为大主播，每个人各有所长，各有所短，每个人都有自己的无限潜能。做主播也是一样，不能光盯着自己的缺点、短处和现在，首先要做一个自信的人。只有喜欢自己，受众才会喜欢你；如果自己都觉得自己不行，那么受众怎么会欣赏你呢？所以，要做一个让别人爱的人就需要学会自信。

（2）自我悦纳。做主播千万切记不要总拿自己的缺点跟人家的优点比，一定要学会赏识自己，悦纳自己，勉励自己。如果做不到，可以想办法，例如，积累自己第一次收到跑车的体验和经验，坚持写直播日记，写主播培训摘抄；将自己的优点罗列在纸上，同时写一两句能激励自己的名言警句或是自己的座右铭，每次直播的时候贴在墙上等随处可见的地方，用来激励自己。

（3）学会暗示自己。做主播一定要学会调节自己的直播心态，直播是千变万化的，如一次被观众提出无理的要求，一场直播的误会，一句过激的话语，都会影响主播的心情，这就需要学会调节自己的心态。最简单的做法是用积极的暗示替代消极的暗示。做主播的平时要养成积极暗示的习惯，要对自己经常说"加油，我能行"，"太好了，还有救"。做主播一定要学会积极暗示，光明思维，换位思考，多角度思考。

（4）学会宽容。直播遇到黑粉其实是主播生涯必经的事情，也许各种低俗的话语让自己觉得恶心，会影响心情，但做直播时要学会宽容，培养自己宽广的胸怀。一个人心胸狭窄，只关注自己的主播，就容易生气，闷闷不乐，斤斤计较。而当你胸怀宽广时，就会容纳别的主播，欣赏别人，宽容别人，自己直播的心境也就能保持乐观，这就是所谓的"退一步海阔天空"。直播因为主播的宽容而让正能量更多一些，进而能成就主播辉煌的未来。

（5）要学会无视观众。这里说的无视观众并不是无视所有的观众，而是无视一些比较异类的观众。例如，那些在公屏上大发广告或是大放厥词，又或是对自己进行人身攻击的观众。这类观众会由管理员直接解决，主播没有必要去回应。很多主播在看见观众评论自己的直播不好的时候，就会忍不住回复"任何人都有自己的喜好，你不喜欢大可不听"之类的语言。主播或许说完之后觉得心情舒畅，但是作为其他观众来说，他们会觉得这个主播很小气，这点东西都容纳不下，久而久之就会对该主播有一些厌恶。再者，有可能主播回复之后，对方继续争吵，从而影响直播的继续进行。

每一位新主播在初期都会经历"无人观看"或者"少人观看"的状况，这是很正常的，作为一名主播，在经历"少人观看"的时候，也必须尽职尽责、认真地直播。尽管是在自娱自乐、自我消遣，或是整个直播间只有主播一个人，一个观众也没有，都必须克服，并且必须认真地完成直播。新手主播暂时无法拥有多么专业的直播经验，但是一定要有专业的直播精神。

5.4 主播IP打造

在泛娱乐化时代，每个人都在刷存在感，每个人都想获取粉丝流量。当一个人具备了海量粉丝、故事、情感、内容输出、价值体现、传播渠道等综合元素，在某一领域或某一群体中能够产生巨大的影响力和号召力，那么就能逐渐形成个人 IP。个人 IP 的数值越高，粉丝量就越大，拥护者也就越多，粉丝经济为其带来的经济效益也会越来越大。

IP 原本是一个法律概念，是指权利人对其智力劳动创作的成果和经营活动中的标记、信誉所依法享有的专有权利。互联网界的 IP 可以理解为所有成名文创（文学、影视、动漫、游戏等）作品的统称。打造主播个人 IP 的必要性主要体现在以下三个方面。

1. 外在形象

形象是主播 IP 的第一步，遵循专属特点和匹配两大原则。

（1）特点指的是与别人的差异化区分，让观众容易记住。如果形象上没有特点，主播可以用一个吸引眼球的道具作为辅助。甚至可以在旁边放一只猫、一只狗，表现主播对小动物的喜爱，让人联想到善良这个词。

（2）匹配指的是"人"和"货""场"的协调。在户外做农特产品直播时，就不适合西装革履；做知识类的直播讲课，要体现比较专业化的形象。

2. 主播风格

主播风格标签根据自己的性格、兴趣爱好去定位，无论什么样的风格，都要能与粉丝有一个良好的互动。新手主播可以将自己的性格爱好一一列出来，然后从中寻找到自己的风格定位。

主播风格一定是在自己的性格特点基础上进行放大，不能背道而驰，选择完全不符合自己的风格，这样很难坚持。主播的风格可以从幽默风趣型、活泼可爱型、御姐型、成熟稳重型、辛辣犀利、知识专家型等角度去设定。

总之，在主播风格方面找准自己的定位，在直播过程中去加强和放大，建立一个识别度很高的直播风格。这样，无论卖什么品类的产品，总会有一些粉丝愿意进入直播间观看直播，与你互动。

个人的风格给直播间带来特定的"气场"，这种气场能决定一个直播间的氛围。

3. 内容 IP

主播 IP 的打造还有最重要的一点就是内容 IP。

内容 IP 是带货主播和娱乐主播最大的差异。娱乐主播 IP 打造主要是在形象和风格上；而带货主播除以上两个外，更重要的是内容 IP 的打造。

内容 IP 也称为主题 IP，就是主播给粉丝在某个垂直领域输出的专业性价值。内容 IP 往往是与产品联系在一起，通过内容 IP 的打造，建立主播在这个领域的专家或者意见领袖形象，从而让粉丝因为信任产生购买行为。这也是主播将产品和粉丝建立黏性最好的方式。

内容 IP 比较适合的产品领域有美妆、科技、服装、农产品、土特产、知识付费、文化旅游产品等。

做服装的要成为穿搭领域的意见领袖，做美妆的要成为女性美丽的专家，做科技产品的要成为科技达人。即使主播在直播卖水果，也要非常懂得每种水果的营养价值、组成成分、口味等，在直播间必须结合产品分享给粉丝。

但是需要注意的是，传递有价值的内容，也需要用好的语言去传递，不要干巴巴地讲干货，往往轻松自然、带有幽默诙谐的语言更能留住观众。

5.5 主播带货变现能力提升

作为一种新兴职业,主播直播的目的大多是实现变现,获得盈利。目前,直播最常见的变现方式是直播带货、优质内容付费、观众打赏、广告植入或代言、签约企业等。主播要从自身特点与自身能力出发来选择适合自己的变现方式。

(1) 常见的主播直播带货模式有店铺直播模式、直播分享商品、产地直播模式、达人模式、砍价模式、秒杀模式、基地走播模式、直播间定制模式。想要做好直播带货,就要扩大自己的观众群体,直播间内容要有用、有趣、有态度,营造出一个良好的直播氛围。所销售的商品要符合市场需求,符合粉丝的特点,质量优质、价格合适且供应链稳定。

店铺直播示例如图5-1、图5-2所示。

图5-1 店铺直播示例1

图 5-2 店铺直播示例 2

（2）优质内容付费变现就是指观众交付一定的费用后才能进入直播间观看直播。采取这种变现模式，主播或直播平台需要具备三个条件：一是直播的内容质量较高；二是有一定数量的"粉丝"；三是"粉丝"的忠诚度高。内容付费变现有利于观众黏性的提高，收入也较为稳定，有利于形成正向循环。内容付费变现的模式有先免费再付费、限时免费和折扣付费。

（3）打赏就是指观众在直播平台上付费充值，购买虚拟礼物（图 5-3）和道具送给自己喜欢的主播，直播平台再将这些虚拟礼物和道具折换成现金，由直播平台和主播按照一定的比例进行分成。如果主播隶属于某个工会，则由工会和直播平台统一结算主播获得的虚拟礼物和道具，最终主播获得的是工资和部分提成。

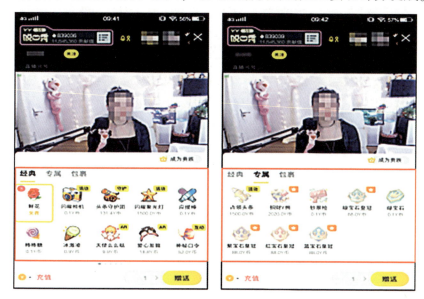

图 5-3 某直播平台上的虚拟礼物

（4）广告变现就是在直播的过程中进行广告植入，为品牌或企业做代言。

签约 MCN 机构，为机构提供增值服务。在直播行业中，MCN 机构是提供一站式服务的中介公司，主播与 MCN 机构签订合约后，就能享受 MCN 机构为其提供的专业培训、直播资源、直播场地等一系列服务。

主播在选择 MCN 机构时，需要考虑的是试用期、限制性条件分成比例和业绩目标的确定。

第 6 章
直播内容策划与实施

第6章　直播内容策划与实施

学习目标

【知识目标】

1. 了解直播脚本策划的基本要素；

2. 了解产品销售的话术；

3. 了解开播前主播必须自查的环节。

【技能目标】

1. 能灵活运用直播话术；

2. 会设计电商直播；

3. 掌握下播复盘的注意事项。

【素质目标】

以社会主义核心价值观引领、融入中华优秀传统文化底蕴、推广国货潮牌，培植爱国情怀。

本章要点

1. 直播内容策划；

2. 直播场景设计标准；

3. 直播脚本创作技巧；

4. 直播活动互动技巧；

5. 直播活动营销元素植入。

素质提升

请同学们给直播间策划一种方案，具体要求如下：

1. 直播预告的设计（倡导文明风尚及正向、健康的审美情趣）。

2. 直播文案脚本的撰写（强化社会主义核心价值观引领、充分发挥及融入中华优秀传统文化底蕴）。

3. 爆款打造高潮（展示大国风范），积极推广支持国货并点燃用户的爱国情怀。

6.1 直播内容策划

1. 直播内容策划模型

直播营销包括直播前的策划与筹备、直播中的执行与把控、直播后的传播与发酵三大模块（见表6-1）。

表6-1 直播内容策划模型

执行环节	直播开场	直播过程	直播收尾
关注重点	获取感知	提升兴趣	促成接受
注重效果	快速引入	产生沉浸	引发留恋

案例分析

2020年4月1日，罗永浩正式开始了直播带货的新事业，罗永浩首次直播卖货400万元，请从直播开场、直播过程、直播收尾三个执行环节分析案例。

2. 直播内容创意设计

直播发展到现在已经不是单纯的"无聊文化"了，直播吃饭、直播睡觉、直播聊天的时代早已过去。所谓"内容为王，创意取胜"，在竞争日益激烈的直播行业中，有创意、有价值的直播内容才能受到观众的关注和喜爱。本节将介绍如何进行直播内容策划，用创意内容来提高观众的黏性。

优质的直播内容是吸引观众观看直播的关键因素。一般来说，评价直播内容质量的标准有两个，一是内容的精彩程度；二是内容的表现形式。

直播内容有水准的表现为主播人格魅力具有吸引力，直播表现形式很有意思且内容有深度。有深度的内容要言之有物，直播中表达的观点和见解能够让观众信服并遵守法律道德规范，有所节制，不能大放厥词，观点和见解独特，不是人云亦云。

直播运营者要挖掘直播观众需求痛点，首先，主播要对自身的能力与优势有充分的了解，并对竞争对手的直播内容和特点进行深入分析，以开展差异化的内容定位，通过细分内容来寻找观众的需求痛点；其次，主播要对观众心理进行深入的分析，只有对观众有充分的了解，才能更精准地挖掘观众的需求，从而打造符合其需求的直播内容。

在挖掘观众需求痛点时，主播可以尝试：与观众建立情感连接，激发观众产生共鸣；为观众创造超越心理预期的内容；运用同理心，站在观众的角度进行思考。

直播运营者要挖掘垂直度高的内容即垂直性策略，就是针对某个特定领域、特定人群或某些特定需求来提供信息或服务。品牌或企业在打造具有高度垂直型的直播内容时，除在直播中展示自己的商品外，还可以从两个角度入手：一是以商品或服务为中心进行知识延伸；二是展示品牌或企业文化。

直播运营者要借助热点制造话题。热点是指比较受广大群众关注或欢迎的新闻或信息，也是指某个时期引人注目的地方或问题。

（1）可预见性热点：大众熟知的一些信息，如国家法定节假日、大型赛事活动等。其特点是备受大众关注；发生的时间、持续的时长相对稳定；主播可以提前做好准备，减轻创作压力；同质化内容较多，考验主播的创意能力。

（2）突发性热点：不可预见的、突然发生的事件或活动。其特点是突然爆发，留给主播反应、准备的时间极短，非常考验主播的即时反应能力和快速创作能力；流量极大。

3. 直播内容吸引力打造

直播是一种内容呈现方式，要想吸引观众、聚拢人气，最重要的是提升直播内容对观众的吸引力。在提升直播内容吸引力的策略上，主播可以从三方面入手：一是坚持直播内容的原创性；二是注重直播内容的真实性；三是提升直播内容的文化内涵。

虽然主播策划直播内容时可以充分发挥自己的创意，但直播的内容最好能够与观众产生联系。也就是说，主播要用真实的信息、真实的情感来打动观众，而不是策划一些无中生有的内容，或者虚情假意地表达自己对某些事物的看法。例如，作为户外徒步旅行主播，可以在直播中呈现自己出发前的各种准备工作和旅游目的地的风景、人文特色，还可以在直播中讲述自己在旅途中的所见所感，为观众创造身临其境的观看体验，体现出直播内容的真实性。

随着直播行业内容运营的不断细化，观众对直播内容质量的要求也在不断提高。当前，直播行业已经不再是单纯拼颜值的时代了，高质量、有内涵的直播内容更受观众的青睐。因此，主播要精心创作具有深刻文化内涵、具有艺术审美性的、积极健康的直播内容，让观众能够通过观看直播得到艺术的熏陶和精神的升华。尤其是对于通过直播开展营销活动的企业来说，其更需要在提升直播内容的文化内涵上下一番功夫。

6.2 直播场景设计标准

1. 直播背景

直播背景契合直播主题与内容,内容与颜色简洁明了,直播背景清晰可见、位置端正。

2. 直播环境

在直播过程中,非直播相关物品不出现在直播环境中,直播环境中不出现过多的颜色,直播环境中的物品摆放整齐有序。

3. 灯光搭配

灯光搭配包含面光灯、顶灯、环境灯。适宜的灯光搭配以观众能够看清楚主播面部,以及发型、着装,观众能够看得清楚展示的商品细节,观众看到的画面未出现色差或颜色不适情形为度。

6.3 直播脚本创作技巧

直播脚本就是对正常直播的每一个环节进行设计和安排,包括直播设备,直播间设计,直播节奏、产品等。那么,直播脚本怎么写呢?无论是主播还是新手,不会写直播脚本,可参考以下脚本创作思路。

1. 直播时段和直播节奏

(1) 直播时段选择。新开直播商家不要在热门时间段开直播。因为在热门时间段,已经被很多头部商家霸占,新商家很难获得粉丝关注。因此,冷门时间段更适合新开直播的商家,直播时间通常在 24 点到次日的 10 点。对于新主播来说，冷门时间段可能会比较辛苦，但是只要积累了精准粉丝，就可根据流量的稳定程度来选择直播时间段。

（2）直播节奏把控。一份合格的直播脚本都是具体到分钟，如 8 点开播，8 点到 8 点 10 分就要进行直播间的预热，与观众打招呼之类；另外，还包括产品的介绍，一个产品介绍多久，尽可能地将时间规划好，并按照计划来执行。例如，每个整点截图有福利，点赞到 10 万到 20 万提醒粉丝截图抢红包等，所有在直播中的内容都是需要在直播脚本中全部细化出来的。

2. 产品搭配和产品卖点提炼

（1）产品搭配。直播至少 3 个小时，因此直播运营者需要准备足够的产品。直播运营者需要将产品大致分为以下三大类：

1）主要推荐的产品，爆款产品需要详细介绍，并且穿插到整个直播过程中。

2）可以补充的产品，直播运营者可以做搭配产品，进行关联推荐。

3）送福利产品，在直播间人气不高或者销量不高时，直播运营者可以送福利、抽奖等带动节奏。

（2）产品卖点提炼。直播运营者需要理解产品和使用场景，才能挖掘出需求痛点，刺激需求。需求痛点包括价格、颜色、款式、大小、轻便、品牌、材质、档次、防水、安全、容量、内部功能、发货时间、店铺评分、客户服务等。

具体可以从产品的特点、应用厂家入手；从产品类别溯源寻找差异化；从对标竞品方向思考；从消费者带来的利益，解决其需求痛点角度；从产品评论、小红书、百度、知乎找卖点等方面找产品卖点。

在进行产品卖点介绍时,直播运营者要规划好每个产品的直播话术,包括欢迎、关注、问答、追单话术,帮助主播进行销售转化。

3. 直播话术

很多人在刚开始直播的时候不知道如何讲述,直播之前一定要准备好直播话术,做好直播脚本,脚本中一般包含话术逻辑。

直播脚本话术可以从以下几个方面产生:产品拥有优越的地理位置,如靠近货源、地方产品很出名等;对产品进行特点对比;产品价值,如是营养价值,对消费者会产生的好处;产品活动,如3斤只需要10块钱;常见售后问题解决办法;产品使用方法等辅助内容。

(1)欢迎话术。直播话术从开场就需要注意,开播时会陆陆续续有人进入直播间,主播可以看到观众的等级和名字,因此,直播运营者可以用这些话术:

1)欢迎朋友们来到我的直播间,主播是新人,希望朋友们多多支持,多多捧场哦!

2)欢迎××(名字)进入直播间,点击关注,不迷路,一言不合就刷礼物!么么哒!

3)欢迎各位帅哥美女来到我的直播间,进来直播间的是美女,还是帅哥呢?刷刷评论让我看到你哦!

多使用语气词,更能使观众感受到亲切感。如果主播的人设是比较严肃的,那就尽量用这些语气词,如"哦""啦""呀"等。直播运营者使用这些话术的目的就是让观众知道进入了直播间后,主播在关注他们,让观众觉得你关注到他了,让观众有被重视的感觉,更有参与感,这样观众才能留下来看直播。

(2)关注话术。当观众进入直播间之后,如何通过一些话术,让其顺手关注自己的直播间，为直播间涨粉呢？那就是不时地给自己打个广告，不断给新粉丝传递自己的直播简介。例如：

1）感谢××的关注，还没有关注的抓紧时间关注哟，主播每天给大家带来不同惊喜噢！

2）关注一下主播，主播每天×点分享××（根据自己的定位，每天分享有趣的内容或者实用的技能等），喜欢主播的可以帮忙分享一下哦！

观众关注主播的直播间，肯定是想在主播的直播间里得到些什么或收获些什么。例如，想在主播的直播间获得短暂的快乐，或想在主播的直播间学到什么，又或者想在主播的直播间买到最实惠的衣服或其他物品，因此，关注话术中要能透漏出直播能提供给粉丝的价值。

(3) 感谢话术。观众进入直播间，观众会有打赏，会有关注，还有的会陪主播到直播结束，因此，可以用一些感谢话术来给观众和粉丝反馈。

感谢话术要真诚，真诚地反馈也会让观众有被重视的感受，更多地参与到直播中，例如：

1）感谢朋友们今天的陪伴，感谢所有进入直播间的朋友们，谢谢你们的关注、点赞哦，今天很开心！

2）最后给大家播放一首好听的歌曲，播完就下播了。感谢大家，希望大家睡个好觉，做个好梦，明天新的一天好好工作，晚上×点再聚。

(4) 问答话术。无论主播在不在直播间卖货，粉丝常常会有各种各样的问题，例如，"主播多高，多重？""这件外套主播能不能试穿一下，是什么效果？""这条裤子小个子能穿吗？"等问题。如果观众问到产品相关问题，说明他们对产品产生了兴趣，主播一定要耐心的解答。如主播身高165厘米，体重95斤，穿s码，小姐姐们可以对比一下自己的身高、体重选择适合自己的尺码哦！或者直接告诉观众各类身高、体重适合的尺码，相同的问题会不停地有人询问，这个时候最重要的是要有耐心。

如果有观众说"怎么不理我？都不回答我的问题？"，这种情况一定要及时安抚，可以说"没有不理哦，弹幕太多刷得太快，你可以多刷几遍，我看到了一定会及时回复的"。

问答话术的关键是耐心。直播运营者有时候要反复回答相同的问题，或者还需要通过引导才能完全解决观众的问题，因此一定要耐心。

（5）追单话术。很多观众在下单时会犹豫，直播运营者就需要主播用追单话术来刺激观众下单。主播可以用以下几种追单话术来刺激观众下单：

1）线上抢购的人数多，以收到款项的时间为主，大家看中了抓紧时间下单哈！

2）这款产品数量有限，如果看中了一定要及时下单，不然等会儿就抢不到啦！

3）这次货品折扣仅限本次活动进行时间，错过了，我们就不会再给这个价格啦！抓紧时间哦！

4）我们这款产品只有10分钟的秒杀优惠，喜欢的朋友们赶紧下单哈！

5）还有最后3分钟哦，没有购买到的亲赶紧下单哦！

直播的不同时间段，观众对主播的不同需求，话术的侧重点也不一样，这就需要主播锻炼自己的话术技巧。

（6）注意事项。

1）组织话术思路。组织话术的思路有以产品为中心，以营销为中心，以顾客需求为中心。直播运营者在直播话术锻炼上可以说肯定的话；说真话，对顾客要坦白；只说三点，说多了就会遗忘；重复，但要在重复中变通。

2）掌握话术节奏。如果主播在卖爆款商品：话术节奏要掌握好，头脑清晰，语言明快，要点阐述顺畅，保持热情高涨的情绪；如果在卖高单价、难度高的商品：逻辑强，深挖掘，要有画面感。

3）误区。很多人有一个误区就是认为节奏快，语速就要快，其实节奏快不代表语速快。

如果不小心在直播间将准备好的话说完了不知道该如何表述，不要慌，可以找别的话题继续聊。聊一聊最新的八卦新闻，放一首好听的歌曲，或者是讲述自己的生活经历，最近发生的有趣的事情，这样观众更容易参与进来。

4. 调度直播分工

直播时要调度直播分工，注明直播人员、场地、道具。

直播运营者需要制定一份清晰的、详细的、可执行的直播脚本（plan A），并且还需要有应对各种突发状况的一套方案（plan B），这是一场直播顺畅并取得效果的有力保障。

需要注意的是，脚本不是一成不变的，是需要不断优化的。一场直播在按脚本执行的时候，可以分时段记录下各种数据和问题，结束后进行复盘分析，对不同时间段里的优点和缺点进行优化与改进，不断地调整脚本。这样，心中自然就会有指定直播脚本的策略和方法，对直播脚本的应用就会更加得心应手。

综上所述，脚本是为直播的效率和结果服务的，其作用在于梳理直播流程、管理主播话术、管理货品分类、管理福利机制、优化直播流程，重点就是提前统筹安排好每一个人、每一步要做的事情。

6.4 直播活动互动技巧

1. 直播活动开场技巧

直播活动开场设计有五大要素，分别是平台资源支撑、渗透营销目的、引发观众兴趣、带入直播场景、促进观众推荐。直播活动的开场技巧有以下几种：

（1）直白介绍：主播可以在直播开场时，直接告诉观众直播相关信息，包括主持人自我介绍、主办公司简介、直播话题介绍、直播大约时长、本次直播流程等。一些吸引人的环节（如抽奖、彩蛋、发红包等）也可以在开场中提前介绍，促进观众留存。

（2）提出问题：开场提问是在一开播就制造参与感的好方法。一方面，开场提问可以引导观众思考与直播相关的问题；另一方面，开场提问也可以让主播更快地了解本次观众的基本情况，如观众所处地区、爱好、对于本次直播的期待等，便于在后续直播中随机应变。

（3）抛出数据：数据是最有说服力的。主播可以将本次直播要素中的关键数据提前提炼出来，在开场时直接展示给观众，用数据说话。特别是专业性较强的直播活动，可以充分利用数据开场，第一时间令观众信服。

（4）故事开场：我们从小就爱听故事，直播间的观众也不例外。相对于比较枯燥的介绍、分析，故事更容易让不同年龄段、不同教育层次的观众产生兴趣。通过一个开场故事，带着听众进入直播所需的场景，能更好地开展接下来的环节。

（5）道具开场：主播可以根据直播的主题和内容，借助道具来辅助开场。开场道具包括企业产品、团队吉祥物、热门卡通人物、旗帜与标语、场景工具等。

（6）借助热点：上网的人，尤其是参与直播的观众，普遍对于互联网上的热门事件和热门词汇有所了解。直播开场时，主播可以借助热点，拉近与观众之间的心理距离。

2. 直播互动模式

直播活动中的互动模式由发起和奖励两个要素组成。其中，发起方决定了互动的参与形式与玩法；奖励则直接影响互动的效果。如图6-1所示，横轴为发起轴、纵轴为奖励轴，由发起轴与奖励轴分隔出的四个象限，包含了直播互动模式的四大类玩法。

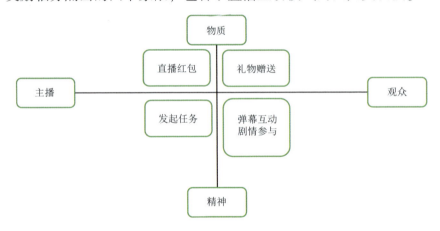

图6-1 直播互动模式的四大类玩法

（1）弹幕。弹幕即大量以字幕弹出形式显示的评论，这些评论在屏幕上飘过，所有参与直播的观众都可以看到。

传统的弹幕主要出现在游戏直播、户外直播等纯互联网直播中，目前已经有直播平台尝试参与电视直播，与体育比赛、文艺演出等合作，进行互联网直播及弹幕互动。

（2）观众参与剧情。观众参与剧情互动多见于户外直播。主播可以邀请网友一起参与策划直播下一步的进展方式，增强观众的参与感。邀请观众参与剧情发展，一方面可以使观众充分发挥创意，令直播更有趣；另一方面可以让被采纳建议者获得足够的尊荣感。

（3）直播红包。直播红包就是直播间观众可以为主播或主办方赠送"跑车""游艇""玫瑰"等虚拟礼物，表示对其认可与喜爱；但此类赠送只是单向互动，其余观众无法参与。为了聚集人气，主播可以利用第三方平台进行红包发放或等价礼品发放，与更多的观众进行互动。

（4）发起任务。主播在直播间发起任务，任务包括建群快闪、占领留言区、晒出同步动作。

在直播过程中，出于对主播的喜爱，观众会进行礼物赠送或打赏，同时为维护企业形象，主播应在第一时间读出对方昵称、予以感谢。

3. 直播收尾技巧与策略

在直播收尾时，直播运营者可以视平台而定收尾方式从而达到一定目的。销售平台则可以完成销售转化，自媒体平台可以引导关注，粉丝平台则可以邀请报名。

（1）销售转化：将流量引导至销售平台，从收尾表现上看即引导进入官方网址或网店，促进购买与转化。通常留在直播间直到结束的观众，对直播都比较感兴趣。对于这部分观众，主播可以充当售前顾问的角色，在结尾时引导观众购买产品。但是需要注意的是，销售转化要有利他性，能够帮助观众省钱或帮助观众抢到供不应求的产品；否则，在直播结尾植入太过生硬的广告，只会引来观众的弹幕。

（2）引导关注：将流量引导至自媒体平台，从收尾表现上看即引导关注自媒体账号。在直播结束时，主播可以将企业的自媒体账号及关注方式告诉观众，以便直播后继续向本次观众传达企业信息。

（3）流量引导至粉丝平台：从收尾表现上看即告知粉丝平台加入方式，邀请报名。在同一场直播中积极互动的观众，通常比其他观众更同频，更容易与主播或主办单位"玩"起来，也更容易参加后续的直播。这类观众可以在直播收尾时邀请入群，结束后通过运营该群，逐渐将直播观众转化成忠实粉丝。

课堂讨论 某全国连锁健身俱乐部将在近期入驻上海。作为前期宣传的一部分，开业前将进行"百人百问"的健身直播，由教练团队现场回答网友的健身问题。

假如本次直播由你负责，请按照本节讲述的三种收尾方法，设计不同的直播收尾。

6.5 直播活动营销元素植入

在直播过程中，主播要反复强调营销重点，一场晚会或一次球赛，现场观众在开始前就已落座，重点部分在开场点明即可。但网络直播随时会有新人进入，主播需要在直播进行中，反复强调营销重点。直播营销元素见表6-2。

第6章 直播内容策划与实施

表6-2 直播营销元素

类别	营销重点
介绍	主播介绍、主办单位介绍、现场嘉宾介绍、产品介绍等
关注	引导关注直播间、微信公众号、微博等
销售	现场特价产品、观众专属商品、近期促销政策等
品牌	邀请点赞、邀请转发、邀请点评等

直播不是单向沟通，观众会将自己的感受通过弹幕表达，且希望主播予以回应。一个只顾自己侃侃而谈、不与网友及时互动的主播，通常不会太受观众的欢迎。

刚刚接触直播的新人，往往会过于关注计划好的直播安排，担心直播没有按照既定流程推进，从而生硬地结束一个子话题，进入新话题。实际上，几乎没有百分之百按照规划完成的直播活动，任何直播都需要在既定计划的基础上随机应变。

在直播进行中，观众的弹幕是不可控的，部分观众对主播的指责、批评无法避免。如果主播过于关注负面评价，就会影响整体的直播状态。

在直播进行中，主播需要有选择性地与网友互动：对于表扬或点赞，主播可以积极回应；对于善意的建议，主播可以酌情采纳；对于正面的批评，主播可以幽默化解或坦荡认错；对于恶意谩骂，主播可以不予理会。

直播活动全场的掌控者是主播。因此，主播必须注意直播节奏，避免被弹幕影响，特别需要避免与部分观众现场争执而拖延直播进度。

第 7 章
直播运营传播

第7章 直播运营传播

学习目标

【知识目标】

1. 掌握直播营销活动的基本流程；
2. 了解直播营销活动流程规划；
3. 学会直播活动脚本策划。

【技能目标】

1. 会策划直播营销活动；
2. 会策划直播活动脚本。

【素质目标】

讲好中国故事，带货国货品牌，坚定文化自信。

本章要点

1. 直播传播计划制订；
2. 直播短视频剪辑与传播；
3. 直播引流文案撰写技巧；
4. 直播粉丝运营技巧；
5. 直播社群运营技巧。

素质提升

课堂练习：请同学们以国货品牌为直播选品对象，让同学设计一个简单的直播间活动策划案，包括直播预告，直播脚本文案及爆品打造过程。

讲好中国故事，带货国货品牌，坚定文化自信。

领悟地域性、文化性、时代性的统一。

7.1 直播传播计划制订

直播活动的传播计划包括确定目标、选择形式、组合媒体三部分。直播传播计划的形式与媒体组合见表7-1。

表7-1 直播传播计划的形式与媒体组合

传播形式	媒体组合	媒体示例
视频	自媒体+视频平台	官方微博、微信公众号、优酷、土豆等
软文	媒体+论坛	虎嗅网、36氪、知乎、百度贴吧等
表情包	自媒体+社群	官方微博、微信公众号、微信群、QQ群等

7.2 直播短视频剪辑与传播

在直播时,要全程录播。将直播过程进行浓缩,将有趣或者重点的片段一一截取,经过剪辑制作成短视频。

短视频是一种视频长度以"秒"计数,主要依托于移动智能终端实现快速拍摄和编辑,可以在社交媒体平台实时分享与无缝对接的一种新型视频形式。其特点是生产流程简单化、制作门槛简单、碎片化、内容多元化、个性化、社交属性强。

短视频平台有以下几种:

(1)抖音。抖音隶属于北京字节跳动科技有限公司,最开始是一款音乐创意短视频社交软件,上线于2016年9月,其主要用户群体为年轻人群。用户可以通过该平台选择歌曲,拍摄音乐短视频。2017年3月13日,某相声演员在微博上转发了一条其模仿者的短视频,短视频上有抖音Logo,第二天抖音的"百度指数"

就上升了 2 000 多。截至 2020 年 1 月 5 日，抖音日活跃用户数已经突破 4 亿，成为中国最大的短视频平台。

（2）快手。快手是北京快手科技有限公司旗下的短视频软件。其前身是 GIF 快手，创建于 2011 年 3 月，是用于制作和分享 GIF 图片的一款手机应用软件。2012 年 11 月，快手从纯粹的工具应用转型为短视频社区，定位是记录和分享用户生活的平台；2014 年 11 月，正式更名为快手。截至 2020 年年初，快手日活跃用户数突破 3 亿。

快手主要面向三四线城市及广大农村用户群体，为这些"草根"群体提供了一个直接展示自我的平台，因此，在快手上占据主导地位的不是明星和 KOL，也不是影响力巨大的"网红"，而是普通的"草根"。

（3）西瓜视频。西瓜视频是北京字节跳动科技有限公司旗下的个性化推荐短视频平台，由今日头条孵化而来。2016 年 5 月，西瓜视频的前身头条视频正式上线，通过投巨资扶持短视频创作者，经过一年的发展，其用户数量就突破 1 亿，并在 2017 年 6 月 8 日正式升级为西瓜视频。2018 年 2 月，西瓜视频累计用户数超过 3 亿，用户日均使用时长超过 70 分钟，视频日均播放量超过 40 亿次。

西瓜视频可以说是视频版的今日头条，拥有众多垂直分类，专业程度较高。在西瓜视频上，95% 以上的内容属于职业生产内容（Occupationally Generated Content，OGC）和专业生产内容（Professionally Generated Content，PGC）。该平台采用人工智能技术精准匹配内容与用户兴趣，致力于成为"最懂你"的短视频平台。

（4）微信视频号。微信视频号是继微信公众号、小程序后又一款微信生态产品。现如今腾讯在短视频越来越受到用户的欢迎的背景下推出微信视频号，就是想要解决腾讯在短视频领域的短板，借助微信生态的巨大力量突围短视频。

在微信生态下，用户也可以在微信朋友圈发布短视频，但仅限于用户的朋友圈好友观看，属于私域流量，而微信视频号则意味着微信平台打通了微信生态的社交公域流量，将短视频的扩散形式改为"朋友圈+微信群+个人微信号"的方式，放开了传播限制，让更多的用户可以看到短视频，形成新的流量传播渠道。

微信视频号虽然在短视频市场中失去了时间上的优势，但依托于微信公众号在内容生态中不可替代的优势，坐拥超过 11 亿活跃用户的微信，依然是短视频市场的巨大变量。

如今网络直播行业和短视频行业逐渐形成相互融合的趋势。直播与短视频的融合的优势有时间和内容上取长补短、功能上取长补短。两者的融合也形成了两种模式，即"短视频+直播"和"直播+短视频"。

若想使短视频营销的效果更加突出，前期准备是必不可少的。短视频制作好以后不能立即发布，还要设置短视频的封面、标题、标签和文案，如果设置得到位，这些因素都会对短视频的推广起到明显的促进作用。

封面又称头图，是用户第一眼看到的内容，会给用户留下第一印象。封面要有吸引力，封面要与内容相关，图片质量要高。

标题的设置要能引发用户的好奇心，明确用户痛点。

在短视频领域，标签是短视频创作者定义的用于概括短视频主要内容的关键词。对短视频平台而言，标签就相当于用户画像，标签越精准，就越容易得到平台的推荐，直接到达目标用户群体。而对用户而言，标签是用户搜索短视频的通道，很多标签会在短视频下方展示，用户能够通过点击标签直接进行搜索。

标签是短视频非常重要的流量入口，很多短视频播放量过低，在很大程度上是因为没有给短视频打上合适的标签。

"酒香不怕巷子深"，短视频的内容再好，如果没有尽最大努力做好营销推广，短视频的曝光率也就无法得到保障。只有覆盖更多的平台，短视频成为爆款的可能性才能变得更高。

运用分享功能，多渠道分享视频，可以在微博、抖音、快手等各大平台进行发布，提高视频的曝光率。

借助KOL为短视频做宣传，KOL是营销学上的一个概念，即关键意见领袖，指的是拥有更多、更准确的产品信息，且为相关群体所接受或信任，并对该群体的购买行为有较大影响力的人。在做短视频宣传时，要找的KOL是那些可以发挥社交媒体在覆盖面和影响力方面的独特优势，具有较强的用户黏性和号召力的账号。

7.3 直播引流文案撰写技巧

有创意的直播内容是直播视频形成有效流量的关键，通过增强直播内容的创意性，可以让直播内容变得更有新鲜感和吸引力。直播是一种内容呈现方式，要想吸引观众、聚拢人气，最重要的是提升直播内容对观众的吸引力。在提升直播内容吸引力的策略上，主播可以从三方面入手：一是坚持直播内容的原创性；二是注重直播内容的真实性；三是提升直播内容的文化内涵。

为了覆盖不同特点的人群，直播软文的常用撰写有五类技巧，包括行业资讯、观点提炼、主播经历、观众体验及运营心得。

1. 行业资讯

行业资讯类软文常见于严肃主题（新闻发布会、媒体推介会等)直播后的推广,主要面向关注行业动态的人群。通过行业资讯,将直播活动以"本行业最新事件""业内大事"等形式发布于互联网媒体平台,吸引业内人士关注。

另外,可以挖掘垂直度高的内容。垂直性策略是针对某个特定领域、特定人群或者某些特定需求来提供信息或服务(图7-1)。

图7-1 以种花、养花为内容的直播

2. 观点提炼

观点提炼类软文需要提炼直播核心观点并撰写成文。互联网资讯铺天盖地,而网民时间有限,更希望直接看到最核心的内容,因此,观点提炼类软文是较受网民欢迎的软文形式之一。软文中可以提炼的核心观点包括企业新科技、创始人新思想、团队新动作等。

3. 主播经历

主播经历类软文不是从企业角度出发,而是以主播的第一人称角度,类似主播的一篇日记,对直播进行回顾。

与一般性介绍的企业文章相比,主播撰写的文章更有温度,更容易拉近与读者之间的距离。因此,在主播的文章中植入企业核心信息,可以更有效地将核心内容覆盖读者。可以从自己擅长的领域入手,如美食制作(图7-2)。

图7-2 美食制作

4. 观众体验

观众体验类软文是完全以第三方语气讲述一场直播。由于与主办方、主播都没有关系,因此,文章撰写可以更贴近用户体验、更博人眼球。直播主播可以发动忠实度高的粉丝,撰写直播观感或是超值体验的文案,并发布朋友圈等自媒体账号上,吸引其他用户的观看。

5. 运营心得

运营心得类软文是从组织者的角度分享一场直播幕后的故事,主要面向直播从业人员及相关企业策划人员。此类软文可以从"我是如何策划一次直播的""一场万人参与的直播筹备5部曲"等角度进行直播运营的心得分享,文章可以在知乎网、直播交流论坛、策划交流网站等平台发布与推广。

7.4 直播粉丝运营技巧

主播的成功离不开粉丝。粉丝是主播的支持者，也是支持主播继续直播的动力。

1. 粉丝吸引

若要得到粉丝的拥护，首先要学会尊重粉丝。主播接受粉丝赠送礼物后，不要做"马大哈"，应当在心中常存一份感激，这会使主播的人际关系更加和谐。主播与粉丝之间，如果能主动寻找共鸣点，使自己的"固有频率"与粉丝的"固有频率"相一致，就能够使彼此之间增进友谊，结成好朋友。当粉丝有值得褒奖之处时，应毫不吝啬地给予诚挚的赞许，使主播与粉丝的交往更加和谐而温馨。赞美，不但会将铁杆粉丝团结得更加紧密，而且可以使观众转化为自己的粉丝。在与粉丝聊天中，机智风趣、谈吐幽默的主播往往拥有更多的粉丝，大多数观众不愿同动辄与人争吵，或者郁郁寡欢、言语乏味的主播聊天。主播与粉丝交流，难免会有磕磕碰碰的现象。在这种情况下，多一分宽容，就会使主播赢得一个绿色的人际环境。不要对别人的过错耿耿于怀、念念不忘。正是因为有了宽容，路才会越走越宽。如果不小心得罪了粉丝，应当真诚地向粉丝道歉，这样不仅可以化解矛盾，而且能促进双方心理上的沟通，缓解彼此的关系。

吸粉的渠道有以下几方面：

（1）参加活动和比赛：作为主播，增加曝光量非常有必要，观众不会主动跑到主播的直播间，所以有机会的时候可以多参加平台的活动和比赛。平台的比赛一般是场面较大，参加的人数也多。参加比赛可以让更多的人看到主播的努力,看到主播的才艺,看到不一样的主播。将自己推销出去,就离成功不远了。

(2)直播间串场:大部分观众都喜欢凑热闹,没有自己支持主播的粉丝,基本上都会是处于到处跑的状态,所以,当主播只窝在自己直播间的时候,是很少能够接触到更多的人。然而,若主播主动出去跑,出去串门时,把自己作为一个粉丝与其他粉丝聊天交朋友的时候,也许就能将其他主播的粉丝转变成自己的粉丝,主播与主播之间能认识,并能成为朋友也是不错的选择。这样,粉丝也许就能分享,主播也可以得到一些想象不到的收获。

(3)PK活动:直播的时候多参加PK活动,增加与其他主播之间的粉丝交换,会有明显的叠加效果。

2. 粉丝活跃

(1)粉丝传播。积极调动粉丝的热情,激励粉丝,促使粉丝帮助主播在群里、微博、微信、贴吧、直播间为主播摇旗呐喊,分享主播的美、主播的好、主播的滑稽、主播的搞笑、主播的截图、主播的视频。

(2)直播间多玩法。在自己的直播间举办粉丝活动、红包玩法、粉丝接龙等,也可以每月设置自己的粉丝活动日。

(3)节日送粉丝礼物。过年、过节等重大节日回馈粉丝,可以为粉丝发放一些粉丝福利、特产小吃等。

(4)粉丝见面会。举办一些线下粉丝活动,粉丝见面会的场合可以进一步加深与粉丝的关系,并彼此留下更深、更好的印象,也可能会结识许多新朋友。

3. 转化

在直播间中主播是核心,观众绝大部分是为了娱乐。粉丝不会平白无故的送礼物给主播，可以使粉丝从直播间得到娱乐或者心理上的需要，而且懂得如何带动气氛，懂得通过与粉丝交流和互动给粉丝带来娱乐的主播，更容易受到粉丝的喜爱。互动和交流才是粉丝运营的根本，才是主播发展的基础。

7.5 直播社群运营技巧

主播想要长期发展，需要建设好粉丝社群，为人气增长做好发展策略。粉丝社群是需要主播用心经营的，不要因为一时头脑发热组建了粉丝社群，后期不去经营也不与粉丝互动，粉丝社群的建立也就毫无意义了。

建立粉丝社群让主播快速接触和认识粉丝，对粉丝画像有个大概的了解，只有了解粉丝才能够与粉丝更好地沟通。新主播可以建立自己的粉丝群，慢慢地积累粉丝，当粉丝积累比较多的时候，就需要对粉丝做个分类，例如，老粉丝和新粉丝的互动群，运营起来也会有目标性。

1. 粉丝社群的管理和维护

与粉丝真诚的交流，关心粉丝的需求，耐心听取粉丝的意见，让粉丝愿意和主播敞开心扉的交流。与老粉丝沟通也一定要放低姿态，可以和他们讲述自己的烦心事，如自己遇到黑粉攻击，让他们知道自己是真心地将他们当作朋友，从而更愿意帮助和保护主播。例如：

（1）引导粉丝进入社群，在直播间放置二维码或社群账号。

（2）可以通过拉票和发红包的方式调动粉丝活跃度。

（3）推广自己的粉丝社群，做到有效的拉新。

（4）必要时可以制定一些群规和明确的奖惩规定，粉丝也可以做等级划分。

（5）培养粉丝的团队荣誉感。

2. 直播后的互动

直播结束后是主播维护粉丝的最好时间，主播可以在下播之后在粉丝群里了解粉丝对自己今天的表现、今天的才艺表演是否满意。

直播结束后可以私信送礼的粉丝表达感谢，或者在社群里向不太活跃的粉丝主动互动。

（1）记住特殊的日子。若想与粉丝积极的保持联系，主播还需要记住那些重要的日子，例如，粉丝的生日或者重要纪念日、六一节日、家族活动等比较有意义的日期。在这些重要的日子里可以给粉丝发信息，在群里发放红包、礼物。定时地回馈粉丝，增加粉丝黏度，巩固双方的关系。

（2）及时新鲜的互动。在与粉丝互动中，需要主播放下包袱，陪粉丝一起疯玩，让粉丝感受到自己的真实；主播需要及时地更新直播内容，讲述当下流行的事物，给粉丝多点新鲜感，只有自己和其他主播有不同的闪光点，粉丝黏度才会更高。

第 8 章
直播运营复盘

第8章 直播运营复盘

学习目标

【知识目标】

1. 确定数据分析的目标，获取数据，数据处理与分析。

2. 直播间数据分析常用指标，包括粉丝数据指标、流量、互动、转化数据指标。

【技能目标】

1. 能运用直播第三方数据开展分析；

2. 会直播复盘。

【素质目标】

树立崇尚优化、追求卓越、精益求精的职业精神。

本章要点

1. 直播运营复盘核心；

2. 直播运营效果分析；

3. 直播运营沉淀用户分析；

4. 直播效果数据分析；

5. 直播经验总结提炼。

素养园地

据悉，某网络头部主播即使凌晨2：00下播，也会继续和团队一起复盘。

通过直播复盘是为了找出本场直播最让客户满意的地方，在下一场直播中发扬光大；直播复盘也是找出本场直播的瑕疵，避免下一次直播中犯同样的错误；直播复盘还是为了快速迭代直播运营，创造出更好的产品或服务。

一场令客户满意的直播，始终在优化迭代。

8.1 直播运营复盘核心

复盘一词最早应用于股市，指的是股市收盘后利用静态数据看市场全貌，总结股市资金流向、大盘抛压、涨跌原因等，使下一步操作时更好地作出判断、更符合当前的市场情况。为了持续提升营销效果，企业营销活动结束后通常也需要进行复盘，总结经验教训并作为下一次营销活动的参考，直播营销也不例外。直播复盘导图如图8-1所示。

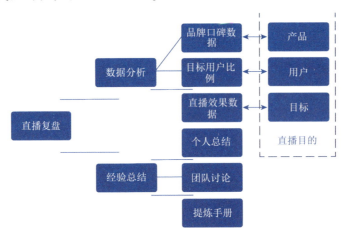

图8-1 直播复盘导图

1. 数据分析

直播复盘总结至少包括直播数据分析、用户活跃度、直播间转粉率、调整改进等。在所有数据分别进行对比后，记下可以改进的地方，在下一次直播时实施。如果想等到第二天或者睡醒后再调整，可能已经忘得差不多了，直播结束时的感受永远是最直观、最热烈的。

2. 经验总结

将品牌口碑数据、目标用户比例、直播效果数据整理，然后进行团队的讨论与经验的总结。数据分析与总结只能体现直播的客观效果，而流程设置、团队协作、主播的台词等主观层面无法用数据获取，需要企业新媒体团队通过自我总结、团队讨论等方式进行总结，并将总结结果记录、整理成经验手册，便于后续直播营销参考。

课堂讨论 某手机创业品牌的直播目标是当晚销售3 000台手机，直播结束后只销售500台，同时，微博晒单好评超过800人。请尝试分析：本次直播营销是否实现了企业的直播目标？

8.2 直播运营效果分析

1. 百度指数

百度指数（图8-2）是以百度海量网民行为数据为基础的数据分享平台，借助百度指数可以研究关键词搜索趋势、洞察网民兴趣和需求、监测舆情动向、定位受众特征。百度指数主要体现的是网民的搜索数据，在针对某款产品的直播活动结束后，如果在百度指数曲线上出现大幅上涨，说明本次直播活动对产品宣传是有效的。

图 8-2 百度指数

2. 新浪微指数

新浪微指数（图 8-3）是基于微博用户行为数据、采用科学计算方法统计得出的反映不同事件领域发展状况的指数。百度指数展示的是网民对于某事件或某品牌的搜索热度；而新浪微指数展示了网民对于某事件或某品牌的讨论热度。

图 8-3 新浪微指数

3. 微信指数

微信指数（图 8-4）需要在微信手机客户端查询。在微信最上方的搜索窗口输入"微信指数",并点击"搜索"按钮,即可在搜索结果页面中点击"微信指数",进入指数首页。在微信指数搜索企业名称、创始人姓名、产品名称等,就可以查询相关指数情况。

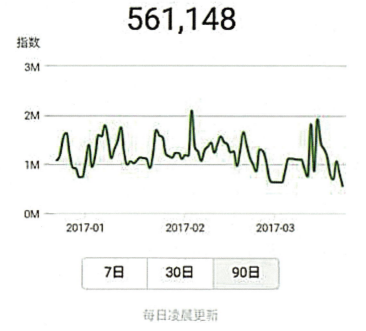

图 8-4　微信指数

微信指数是微信官方提供的基于微信大数据分析的移动端指数,其计算范围不只包括微信搜索数据,还包括公众号、文章及朋友圈公开转发的文章。因此，微信指数可以更综合地显示一家企业或一款产品的口碑情况。

4. 头条热度指数

头条热度指数是根据今日头条热度指数模型，将用户的阅读、分享、评论等行为的数量加权求和得出相应的事件、文章或关键词的热度值。在展示中，以小时或天为单位绘制成趋势图，表现出热度随时间的变化情况。

5. 大众点评

线下服务行业（如饭店、美发店、酒店、电影院等）的品牌口碑情况，通常可以借助大众点评的星级数据进行分析，新媒体团队可以统计直播前后的大众点评星级分值，计算直播效果。

需要强调的是，如果企业计划通过直播提升大众点评的口碑星级，那么就需要在直播过程中设计台词，引导网友前往对应的大众点评店铺进行评价。

一场有效的直播在结束后，通常会继续吸引对产品感兴趣的网友在互联网中进行讨论。尤其是科技类新产品发布会结束后，网友会在百度知道、知乎、头条问答等渠道提问，了解关于产品的更多信息。因此，新媒体团队需要在问答类网站进行搜索，统计发布会后网友的提问数量及回答质量。

8.3 直播运营沉淀用户分析

目标用户的分析有自媒体互动数据分析、页面浏览数据分析、问卷抽查数据分析三类。

（1）自媒体互动数据分析。微博、微信等自媒体平台，在粉丝关注后可以直接推送一条自动回复的欢迎词。直播开始之前可以提前在"被添加自动回复"功能处设置关键词，友好地引导粉丝回复其来源渠道。

在直播结束后 24 小时内统计后台回复数据，新媒体团队就可以分析并得出更有效果的直播平台及更精准的推广渠道。

（2）页面浏览数据分析。页面浏览数据可以在网站或网店后台通过"流量分析"功能获得。在进行页面浏览数据分析时，主要关注"访问时长"数据，访问时长大于 5 秒的数据属于有效数据，访问时长小于 5 秒的用户通常对产品或品牌不感兴趣。

只有访问时长超过 48 秒的用户才算是有意向流量的用户。某一时间段内所有访问时长大于 5 秒的访客数量除以访问总数，即可得出精准用户的大致比例。比例越大，说明访客有效性或精准度越高。

（3）问卷抽查数据分析。分析目标用户比例的第三种方法是借助问卷工具抽查调研。这种方法适用于直播结束后建立粉丝社群的企业。

新媒体团队可以在问卷网、金数据、麦客网等网站设计问卷，对粉丝的来源渠道、最感兴趣的直播环节等进行调研。随后将问卷发放在粉丝社群，邀请粉丝填写问卷。为了提升粉丝填写比例，增强问卷调研的有效性，新媒体团队可以利用红包、积分或礼物等，鼓励更多粉丝参与。

8.4 直播效果数据分析

直播结束后需要复盘的数据有很多，以下是需要重点进行分析的：

（1）直播来自所有渠道的观看人次。累积观看人数是一个很重要的数据（呈现在直播间的左上角），这个数据影响是否能获得浮现权，所以这是一个很重要的数据。

（2）来自所有渠道的实时在线同时观看本直播的人数。这个数据可以考核几个维度，一个是实时直播对消费者眼球的吸引力，也就是在直播间不断涌入的人中，前面的人进来后，后面的人跟着进来，总共留下的人数。这个能力在一定程度上代表了直播间的内容是否使消费者感兴趣。

（3）近1小时最高整进入人数，近1小时最高整出时间。可以通过这个数据来测算自己的直播间每一天粉丝在哪一个时间段进来得比较多，然后根据记录的数据在这个时间段来做一些营销活动，将粉丝留住，并将直播间的数据做得更好。

（4）直播间的流量来源。可以看到直播间粉丝主要是从哪些流量口进来的，然后也可以通过这个数据来做一些改善，让直播间从这些入口进来更多的流量。

（5）粉丝人均观看时长，即有关注关系的粉丝，在本直播间的平均停留时长。粉丝的停留时长是一个能否得到浮现权的衡量的数据，如果这个数据能持续保持高水平，那么掌握主播的浮现权是比较容易的，当然还要结合其他的数据，但是，这是一个很重要的衡量标准。

粉丝观看时长的参考指数，通常情况下，该数字大于1，越大表示粉丝观看时长越长，非粉丝观看时长越短；该数字小于1，则粉丝观看时长太短，不健康。

（6）粉丝回访。在本场直播中，进入直播间并且有粉丝关系的人次。粉丝回访是代表如果粉丝对其直播间感兴趣，就会重新回到直播间来看主播的直播，那么这个数据代表着此主播的直播间还是有趣的，或者是有特色的，所以粉丝会重新回来观看。

（7）新增粉丝数。在本场直播中，新产生关注的粉丝人数。新增粉丝数的多少，也是可以衡量此直播间能不能吊住粉丝的胃口，与是否有趣，是否有优惠等因素有关。

8.5 直播经验总结提炼

直播管理的五大因素包括"人""机""料""法""环"。

（1）"人"。新媒体团队需要对直播过程中涉及人的因素进行总结，尤其是在团队协作过程中，不同性格的团队成员会呈现不同的做事风格。作为一支完整的团队，需要将成员的优势充分发挥、成员劣势尽量避免，在团队沟通环节尽量减少人为失误。在总结过程中，除需要对新媒体团队成员进行总结外，对于主播、嘉宾等也需要进行总结。

（2）"机"。新媒体团队需要对直播硬件设施进行总结，对场地的布置、直播手机的性能、电池的耐用程度、道具的尺寸设计等进行讨论与总结。

（3）"料"。直播活动不涉及原材料或半成品加工，此处的"料"主要是指直播台词、直播环节设置、直播互动玩法、直播开场与收尾方法等提前设计好的内容。虽然这些内容已经提前设计好，但是需要总结出内容是否有效发挥、有无未考虑到的环节而导致现场混乱等。

（4）"法"。新媒体团队需要对直播前的方案正文、项目操盘表、项目跟进表等进行总结，尤其是重新评估项目操盘表是否具有实际指导价值、项目跟进表是否有效地引导团队成员进行直播相关的运作等。

（5）"环"。新媒体团队需要对直播环境进行总结，主要是针对现场声音清晰度、灯光亮度、现场屏幕流畅度等方面进行讨论与回顾。除此之外，还需要重新在直播网站进行环境评估，尤其是直播现场画面在网页及移动端的适配程度。

直播整体或在直播过程中的某个环节达到预期甚至超预期，可以作为经验进行记录，便于下一次直播直接参照。未达目标甚至影响最终效果的部分，需要总结为教训，后续直播尽量避免此类教训。在直播过程中遇到的新问题、在策划环节没有考虑到的问题，需要记录下来，后续直播策划必须将此环节考虑在内。遇到问题后的解决方法也需要记录下来。此类方法尤其对加入新媒体团队的新人有指导意义。

第 9 章
直播运营案例分析

第9章 直播运营案例分析

学习目标

【知识目标】

了解"直播+行业"模式的细分。

【技能目标】

会分析"直播+行业"直播模式。

【素质目标】

遵守国家法律法规、遵守平台规则。

本章要点

1. 直播+电商带货；
2. 直播+发布会；
3. 直播+互动；
4. 直播+内容营销；
5. 直播+植入；
6. 直播+个人IP。

素养园地

抖音算法通过作弊规范机制，可以找出恶意的营销账号和专门点赞地水军账号。劣质账号非常影响抖音平台的用户体验，影响平台的公平竞争机制，同时也会影响创作者的积极性。在抖音算法学习中，了解算法对于"作弊"账号的降权与封杀，对于劣质账号的淘汰，对于公平的竞争机制的学习中，融入诚信、敬业的社会主义核心价值观。

在抖音的审核规则中，严格规定了抖音创作的禁忌，不能触碰国家法律法规、不能有低俗色情、不能侵犯未成年人的合法权益、不能有危险行为等，以及对于触碰禁忌的后果，因此在抖音审核规则的学习中，融入遵守国家法律法规、遵守平台规则的严肃性。

9.1 直播+电商带货

京东生鲜+斗鱼"618"直播

（1）营销背景：电商自造节日进行网络大促销已经成为常态，在此常态中脱颖而出就变得尤为困难。通过京东生鲜的用户大数据及生鲜电商行业报告不难发现，生鲜电商的目标受众大多是集中在一线城市的年轻白领，这些人讲究生活品质，在社交网络上较为活跃。同时，经调研发现，美食类产品用视频直播手段能对用户进行动态拟真感官刺激，激活用户的购买欲望。

京东生鲜事业部于2016年刚刚成立，相较于京东传统的3C、家电事业部，生鲜事业部的知名度较低，"618"作为京东生鲜事业部的首次亮相有着重要的意义，一方面，"618"作为一次购物狂欢节肩负着销量压力；另一方面，京东生鲜的品牌知名度亟待打响。因此，企业希望通过传播活动达成品牌和销售的双赢，同时结合热点引爆网络时尚美食圈。

（2）营销目标：传递京东生鲜"低价购美味"的"618"促销主题，拉动"618"期间京东生鲜销量，同时，全方位提升京东生鲜的品牌知名度和美誉度。

策略与创意：借助直播体验引爆时尚美食圈，进而吸引用户眼球并刺激用户购买。

媒介组合策略：本次活动的媒介组合选择了三大模块，包括直播平台、社会化媒介及公关媒介。

（3）执行过程：本次活动的执行过程分为三个阶段，包括前期、中期和后期。每个阶段有不同的营销重点。

第9章　直播运营案例分析

第一阶段：直播前期筹备，聚焦京东生鲜"618"大促销并吸引消费者参与。

第二阶段：直播中期执行，与斗鱼直播深度合作试水"网络红人"营销并联合造势。直播中期重点是将大促销话题炒热，在执行过程中可分为宣传造势、直播传播两大模块。

1）宣传造势。结合京东生鲜"618""低价购美味"主题，以"美味三重奏""美味不平等"系列海报阐释京东生鲜"618"促销利益点，通过微博、微信以美食及品质生活圈层为主传播扩散，持续为京东生鲜引流。

①"美味三重奏"系列海报从数字3出发结合三个火枪手、锵锵三人行及桃园三结义的故事制作创意海报，配合文案直观体现"'618'任选三件"的利益点（图9-1）。

图9-1　"桃园三结义"卡通海报

②"美味不平等"系列海报从生鲜视角出发,喊出因为不平等才有的"美食大暴动"口号,借助 GIF 形式的形象传递"第二件半价"的利益点,直击消费者痛点(图 9-2)。微博话题#京东生鲜"618"阅读量达到 6 000 万人次,微博转评赞合计 2 144 次,《7 旬老太的神秘日记未解之谜》等若干篇微信稿件官方平台共收获 1 142 人次阅读,第三方大号共收获 89 033 人次阅读。

图 9-2 "美味不平等"系列海报

2)直播传播。本次直播活动的整体传播节奏如下:

①素人主播大招募。招募 50 位素人利用京东生鲜提供的波士顿鲜活大龙虾制作龙虾大餐,为期 3 天分时段全程直播,展现京东生鲜大龙虾的高品质等特点,全方位、精准化释放京东生鲜"618 满 399 送大龙虾"等促销信息(图 9-3)。

图9-3 "618免费吃龙虾"海报

②龙虾激战之夜。承接预热阶段素人直播内容,策划五大红人在京城五大坐标,30分钟内利用周围环境及京东生鲜提供的波士顿鲜活大龙虾制作龙虾大餐的线下挑战赛,全程植入京东生鲜大龙虾创意桌牌并花式口播促销利益点,将活动引向高潮。

第三阶段:直播后期。直播后期重点是亮点信息申述,以战报为亮点完美收官,提升热度。

京东生鲜在整个"618"大促期间战绩斐然,通过央视财经频道"聚焦'618'电商大战"专题报道中京东CEO刘强东的直接参与、京东生鲜在央视财经频道三档节目中的多次露出战报长图、战报新闻稿发布等持续影响行业;同时,官方新闻稿、综述稿及意见领袖评论稿也对京东生鲜"618"期间亮点事件进行提炼与曝光,进行舆论定调。2016年6月18日,央视财经频道特别策划"聚焦'618'电商大战"专题报道,关于京东生鲜话题的新闻分别在央视财经评论、经济信息联播、第一时间三档节目里播出,共播出5次。6月19日,结合高考热点,在第一时间输出京东生鲜"618成绩单",将"618"销售数据通过可视化信息图谱的形式直观生动呈现,成为各事业部中首个发出6月1—18日整体数据的部门,新闻稿发布总计超100篇,电商行业、互联网"扒皮王""柳华芳"等意见领袖进行深度解析,阅读量近10万(图9-4、图9-5)。

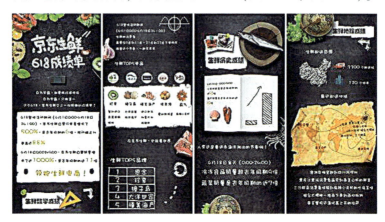

图9-4 "618电商大战"专题报道(一)

图9-5 "618电商大战"专题报道(二)

(4)营销效果与市场反馈:此项目借助"电商+直播"全新模式试水"网络红人"经济,通过免费送鲜活大龙虾等促销利益点,引领电商升级助力销售增长,其中京东生鲜自营订单量增长了500%,移动端占比高达88%,京东生鲜自营销量增长了近 1 000%。本次活动的传播效果同样显著，主要包括以下三方面：

1）跨界合作方面，与斗鱼直播深度合作进行"社会化渠道 + 公关渠道 + 广告渠道"的整合营销，通过官方网站及移动端首页横幅推荐位为京东生鲜单日流量环比均值贡献最高达 95% 的增长；其中仅单个主播无尽直播峰值就达 20 万；直播视频点击观看人数累计超过 626 万人次；微博话题#"618"龙虾免费吃#阅读量接近 1 亿人次。

2）社会化传播方面，基于"'618'任选三件""第二件半价"利益点炒热微博话题#京东生鲜"618"#，阅读量超过 6 000 万人次；与中高端受众为主的微信大号"反裤衩阵地""庞门正道"等产出优质内容，其中仅"反裤衩阵地"稿件阅读量就超过 10 万人次，总阅读量合计超过 40 万人次；剪辑传播最终获得微博转评赞量近 1 500 次。

3）公关方面，新闻稿件累计媒体发布或转载数超过 500 篇，抢占近 100 家媒体的首页推荐位，实现百度网页、新闻等诸多关键词搜索推荐位；央视财经频道特别策划"聚焦'6.18'电商大战"专题报道。

9.2 直播 + 发布会

锤子科技新品发布会

（1）营销背景：2017 年 5 月 9 日，锤子科技举行 2017 春季新品发布会（图 9 - 6），发布新品"坚果 Pro"，选择京东作为战略合作伙伴和独家首发平台。"让京东直播在新品发布会众多直播媒体中，抢夺更大曝光同时吸引用户购买"成为此项目的营销核心。

图9-6 锤子科技新品发布会

（2）营销目标：第一，吸引用户在众多直播平台中选择登录京东直播观看发布会；第二，提高新品在京东平台的销售量。

（3）策略与创意：结合目标受众"想第一时间观看老罗发布会"及"想第一时间用到新品"的核心诉求，项目核心计划打造"上京东直播看发布会，听老罗爆口令"的万人直播爆点活动。通过老罗发布会经典语录作为"直播口令"的创意在社交媒体上进行引爆，老罗每说一句直播口令，用户实时互动即送出一部新品手机，借助用户想第一时间拿到"坚果Pro"这一核心诉求，引发网友传播及关注，最终吸引用户购买。

（4）执行过程：

第一阶段：京东直播前期之口令预热快闪视频。

2017年5月4—5日，京东直播口令快闪视频上线，@京东手

第9章 直播运营案例分析

机通讯首发，@罗永浩@锤子科技@坚果手机@性感玉米联动转发扩散，微博互动总量超1.24万人次，微博阅读量超过114万人次；视频上线AcFun弹幕视频网、哔哩哔哩弹幕网、秒拍、优酷、腾讯视频等视频网站及京东直播页面，视频全网播放量超过101.3万人次；"京东手机通讯""罗永浩"等微信公众号联合其他微信优质大号以"视频加优质内容"的形式合作，获得阅读点赞量超过3.8万人次。

第二阶段：京东直播口令之倒计时海报。

2017年5月4—8日，京东直播口令倒计时海报上线，@JD鹿鹿酱首发，@京东手机通讯@坚果手机扩散，微博互动总量超过1 908条，微博阅读量21.8万；与优质微信大号"创意广告坊""iNews新知科技"等合作，微信阅读点赞量超过3.2万；在今日头条也达到阅读量超过12.7万人次，推荐量超过83万人次。2017年5月8日，台湾人气3C女团"电獭少女"参与直播并对"坚果Pro"进行开箱测评，评测直播海报@电獭少女AotterGirls首发，@京东手机通讯转发扩散（图9-7）。

图9-7　京东直播口令倒计时海报

第三阶段：京东直播口令之创意二维码引流直播海报。

2017年5月9日，以引流为目的的京东直播口令创意二维码海报上线，@京东手机通讯首发，@罗永浩@坚果手机@科技新一@青红造了个白@数字尾巴联合转发扩散，微博互动量超过3万，微博阅读量超过122万。

第四阶段：京东直播锤子科技2017春季新品发布会。

2017年5月9日，京东直播锤子科技2017春季新品发布会活动正式开始，当晚在线观看人数最终达到51.9万人次，点赞量超过450万人次，成为除"618""双11"等大型活动外观看直播人数的新纪录（图9-8）。

图9-8　京东直播锤子科技数据

（5）营销效果与市场反馈："坚果 Pro"首发当天成功斩获京东手机当日单品销量第一，并打破京东直播历史观看人数、购买人数等多项纪录。直播吸引了51.9万人在线观看并实时趣味互动，为目标受众打造出"边看发布会边互动拿奖品，同时，又可直接下单"的直播购物体验。

adidas neo "+1趁现在"发布会直播活动

（1）营销背景：2016年9月12日，adidas neo 于上海召开以"+1趁现在"为主题的秋冬新品发布会。adidas neo 全新青春计划旨在邀请最具青春活力的伙伴一起"+1趁现在"，一起打破常规并打破两点一线的生活方式。

（2）营销目标：这次活动主要是为 adidas neo 2016 秋冬新品

发布会造势，让更多 18~25 岁的年轻人了解并爱上 adidas neo（图 9-9）。

图 9-9　adidas neo 直播活动

（3）策略与创意：为了打造最好的发布会效果，并让更多青年人参与进来，主办方决定打破常规，用直播的形式使无法亲临秀场的小伙伴感受现场的氛围，一同体验"+1 趁现在"的乐趣。

媒体方面以腾讯为主战场，一方面，由于腾讯的用户群可以覆盖 adidas neo 所需要的 18~25 岁的年轻人；另一方面，因为腾讯拥有多元化的服务，涵盖社交通信、游戏动漫、视频娱乐、新闻门户等众多不同的类别，形成了一个可以合作的庞大的移动互联体系。通过不同应用之间的相互协作并有效导流，可以增加参与活动的人数，从而扩大活动的影响力。

（4）执行过程：从 2016 年 9 月 9 日之后，直播预热页面与 H5 一同上线，地铁主题与青春运动的服装使受众眼前一亮。提前预约直播和抽奖的形式也为用户增添了参与乐趣，同时提升了好友之间相互告知与分享的概率。在 2016 年 9 月 12 日直播当天，主办方在腾讯视频、腾讯新闻、QQ 音乐等应用平台投放硬广告配合导流，进一步扩大了直播的影响力，使更多的年轻人参与进来。

与此同时，腾讯新闻信息流中原生内容将品牌事件推升为时尚大事件。在直播过程中，主持人带领观众体验现场氛围，提前采访金大川、Amy、张大大等明星，进一步提升对秋冬新品发布会和杨颖（Angelababy）的期待。adidas neo 定制的专属弹幕也在增加观众参与度的同时增添了青春乐趣，与秀场画面交相辉映。在直播结束后，观众仍可以在腾讯视频上回顾整场活动，拉长本次活动的影响时间。

（5）营销效果与市场反馈：本场直播的预约人数达 879 252 人，最终在线观看人数达 2 413 920 人。后续的录播视频也带来了更多的传播流量，配合直播后的户外及其他媒体形式，增加了消费者覆盖率。

9.3 直播+互动

衣品天成 24 小时试衣间直播

（1）营销背景：作为电商领域的新军，衣品天成通过签约吴磊、杨颖等明星为代言人的方式获得了良好销量，但品牌方面需要继续提升。现阶段，各大服装品牌都在打"时尚""款式""价格"牌，常规的新品发布已难以吸引消费者，因此决定尝试电商直播，在内容及互动上寻求突破。

（2）营销目标：提升衣品天成品牌知名度，同时，为品牌秋季新品预热并引流卖货。

（3）策略与创意：本次活动以热词"试衣间"作为关键词，用直播作为展现形式，综合打造一场有影响力的传播事件，输出"我有风格，给你好看"的主题口号，为品牌秋季上新制造热度。

创意亮点有两个方面,第一是"在线时间最长",活动采用24小时试衣间直播的方式霸占最长直播时间;第二是"观看人数最多",活动挑战"试衣间"的热门话题,借助广州地标"小蛮腰"和50多位模特的影响力提升观看热度。

(4)执行过程:与以往新品发布会不同,此次发布会在广州地标"小蛮腰"进行24小时试衣间直播,邀请超过50名模特进行现场直播与展示,每个模特的直播时间约2个小时,并在一直播、花椒、淘宝直播、映客、美拍、繁星、KK唱响七大平台同步进行。

在模特试衣并与观众交流搭配心得的同时,模特此时试穿的衣服会主动推送到消费者面前,拉近T台与观众之间的距离。在直播活动的线下场地,到场观众可以通过30台真人售卖机试穿模特同款服装,部分时间还能以旧换新,免费拿走新款衣服。

本次直播启用了聚划算口令红包的新技术,在直播过程中打开聚划算说出口令"××(五位明星名字)给你好看",就可以获得价值高达100元的优惠券。

在直播结束后,乐视、土豆、腾讯三大视频网站及南方都市报、新快报等媒体第一时间进行了报道,为活动带来了二次传播。

(5)营销效果与市场反馈:本次超长直播最终超过30万人在线观看,三天的聚划算活动销量超过6万件,同比增长近30%,位居同类电商品牌销量首位。

9.4 直播+内容营销

宝马X1"敢作敢为"音乐秀

(1)营销背景:X1是宝马车身最为紧凑的SUV车型。2016

年5月20日，宝马新款X1进行发布，锁定的是25～35岁的全新中坚力量，这部分人群追求的不是简单的兴奋和满足，而是迎合其内心世界的理想生活方式。因此，本次活动的上市关键词设定为"Live Real"（敢作敢为），以传播产品精神。

为了烘托全新X1的上市气氛，宝马X1"敢作敢为"音乐秀会在西双版纳傣秀剧场开演。傣秀场馆本身仅可以容纳1 000人左右，因此，"以音乐为承载的新车发布，在线上获得最大程度的关注并传达全新宝马X1的品牌态度，进而与年轻人群进行深度沟通"成为本次活动的关键点。

（2）营销目标：本次活动的总体目标是让全新宝马X1的发布与以往有所不同，使车型得到充分曝光的同时宣传"敢作敢为"的品牌理念；同时，希望获得超过500万单位以上的曝光量，并收集2 000条以上的销售线索。

（3）策略与创意：本次活动以音乐秀作为内容载体，携手诠释"Live Real"的代表歌手通过全渠道直播和在线实时互动，实现超越时空界限的新车创新发布秀，让宝马X1上市成为热点。在内容层面上，主办方邀请了70年代、80年代、90年代的音乐代表人物——许巍、黑豹乐队、谭维维、朴树、袁娅维、窦靖童等参与演出，通过音乐从多个角度对"Live Real"进行解读，用"Live Free""Live Bold""Live Curious""Live Deep"四个章节进行串联。

在传播层面上，发布会前一周借助视频与音乐平台寻找对音乐秀有兴趣的年轻用户；直播当天通过社交、音乐、视频、OTT、VR平台五路信号共同组成直播生态链，在直播的同时通过丰富的互动形式实现线上和现场的全面互动。

在品牌层面上，宝马X1作为整场音乐秀的关键角色，作为象征"敢作敢为"精神的符号融入每段音乐故事中，并且通过线上线下的交互传递车型的卖点和特色。

（4）执行过程：发布会前一周开始预热，主办方根据音乐秀的内容特征，借助视频与音乐平台来寻找对音乐秀有兴趣的年轻用户；通过歌词海报定制、歌单推送欣赏、直播预约等方式实现最大程度的预热和曝光。在预热期间，超过 100 万人参与了歌词海报的制作及互动，数百万人进行了直播预约。

在发布会当天采用腾讯视频、微信、QQ 音乐、企鹅电视、腾讯炫镜 VR 等平台进行立体直播，以满足年轻用户对于音乐秀体验的多元化需求。

首先是微信端，在发布会前 15 分钟（当晚 19：45 左右）开始释放朋友圈广告并直接链接到直播内容；其次是音乐平台，在演唱会当天用闪屏、焦点图等优势资源为入口关联直播内容；再次是腾讯视频的网页端和移动端，在演唱会前对预约人群进行直播提醒；最后是腾讯客厅，用户可以在客厅享受宝马 X1 的演唱会直播。除此之外，此次直播启动了身临其境的 360 度直播，用户可以在移动端利用腾讯炫境和 VR 眼镜感受沉浸式的直播体验或在 PC 端切换到 360 度全景模式进行观看。

在直播进行过程中设计了丰富的互动形式，观众可以投票为自己喜欢的歌手加油，也可以通过弹幕与其他网友交换意见，并决定宝马 X1 在现场发布会最终的亮相形式。

（5）营销效果与市场反馈：本次发布会最终超过 1 050 万观众在线观看直播，并创造了 4 000 万次互动，人均停留时间超过 34 分钟，超过 22 366 人预约试驾的成绩。

由于本次宝马 X1 发布会效果超出行业均值 10 倍以上，第一时间引发电视与社交媒体的自主传播与讨论。

9.5 直播+植入

兰蔻"我和鹿晗有个轻约会"直播

(1) 营销背景：兰蔻属于较高端的日化品牌。在邀请鹿晗代言之后，希望借助明星的号召力让粉丝参与到与兰蔻的互动中，并关注兰蔻品牌。

除了提升品牌知名度外，本次主打的两款产品"UV 防护乳"与"气垫 CC 霜"需要将"轻"与"保护"的产品理念传递给消费者。因此，本次活动需要优雅浪漫地做好直播互动，同时传递品牌格调与产品概念。

(2) 营销目标：通过直播深化代言人鹿晗与兰蔻品牌的连接并传递新品"轻"和"保护"的产品理念。

(3) 策略与创意：本次活动让粉丝与鹿晗来一次"轻"的约会，在约会中感受兰蔻与鹿晗的"双重保护"及浪漫情调。"假直播，真互动"的模式，也可以让粉丝在享受高品质内容的同时，降低在现场执行、网络带宽、明星档期三方面的门槛，实现"用小投入产生大回报"的目标。

具体创意包括三部分，第一，借助丰富的交互形式深入满足年轻女粉丝"约会"明星的渴望；第二，在约会氛围中将兰蔻的"轻妆防护"与鹿晗对"女友"的保护融合；第三，通过预热了解粉丝渴望并定制化预录内容，打造"约会"互动效果。

(4) 执行过程：

1) 精准覆盖粉丝群体，并广泛曝光提高声量。在 QQ 兴趣部落中已经有 700 万名粉丝建起鹿晗部落，在这里预热会提高吸引粉丝预约的效率；同时，主办方采用腾讯视频、腾讯新闻、AIO等优质曝光资源，吸引广泛的关注与传播。

2）以"兰蔻为粉丝实现约会愿望"的形式在约会中代入品牌与产品概念。从整体布置到采访话题，全程都有兰蔻陪伴的设计。鹿晗对着镜头说"让我保护你"，将"保护"的体验转变成为粉丝尖叫的记忆点（图 9-10）。

3）粉丝通过赠送兰蔻道具、发送弹幕互动来表达约会心情。在弹幕中，用户可以借助兰蔻道具自发表白。

图 9-10　兰蔻为粉丝实现约会愿望活动

（5）营销效果与市场反馈：本次直播活动平均每分钟出现对兰蔻表白的弹幕 3 次，兰蔻道具 325 个。20 分钟的直播时间内，有超过 561 万人观看，超过 130 万人点赞。活动参与人群中，78%为女生，其中北京、广州、上海占前三位；59%为"90 后"，高度符合兰蔻用户定位（图 9-11）。

直播：用户追捧兰蔻道具，粉丝榜争夺激烈

图 9-11　直播营销效果

华为 P9 户外直播营销

（1）营销背景：华为 P 系列是华为手机中的高端机型，其消费者主要定位为商务人士。华为 P9 与徕卡合作，加入后置的徕卡双镜头，为这一商务机型注入了时尚活力的元素，其覆盖人群拓展至徕卡的追随者和摄影爱好者等年轻群体。为了进一步凸显华为 P9 莱卡双镜头这一卖点并影响年轻消费群体，华为 P9 与 XY 型男电商尝试合作展开户外直播营销。

（2）营销目标：提升华为 P9 在年轻人群中的知名度并扩大此次直播营销活动的影响力。

（3）策略与创意：此次营销活动以年轻人的喜好为出发点，突出炫酷时尚的风格，分别策划深受年轻人喜欢的冲浪、滑雪、花式自行车、攀岩、DJ 涂鸦、点唱会等直播营销活动，并以"怎么玩都型"为主题，贯穿六场直播活动。

此次营销活动以官方自媒体、直播平台、视频作为主要传播媒介。

(4)执行过程:2016年7月7—13日,华为P9连续7天发起了"怎么玩都型"的六场户外直播,包括冲浪、滑雪、花式自行车、攀岩、DJ涂鸦、点唱会等,开创了系列直播营销的先河。

直播镜头从主播出发开始,主播打开任务盒后出现华为P9手机和防晒补水护肤品,同时附带一张任务卡,主播需要按照任务卡的描述开始行动。

进入游乐场后,主播为观众讲解冲浪需要的装备,并亲自演示穿戴。由于户外直播容易被晒伤,主播拿出XY电商提供的防晒补水护肤品,向大家讲解这样的护肤品如何涂抹防晒,并提示在XY电商有售。

主播在为观众演示冲浪技巧的同时,随行的工作人员用另外一部华为P9拍摄冲浪的精彩瞬间,休息时主播拿着刚拍的照片一边向观众讲解冲浪技巧,一边向观众讲解"莱卡双镜头,摄影新潮流"的相关信息。当天活动结束后,主播与观众互动并引导观众关注直播账号,同时介绍了后续几天的户外活动。

(5)活动意义:本次直播活动有两大意义,一方面,开创了户外系列直播的先河,连续6天每天一种户外运动的直播形式,让整个直播战役形成系列性;另一方面,接受任务并挑战任务的形式使直播更接近于一场综艺节目,增加节目看点的同时将产品软性植入。

9.6 直播+个人IP

百事巨星演唱会直播整合营销

(1)营销背景:百事可乐一直主打年轻消费市场,通过邀请巨星代言的方式树立其在年轻群体中的品牌影响力。2016年，百事可乐延续其全明星战略及2014年推出的全新主题"Live For Now"（渴望就现在），瞄准年轻人喜爱的音乐领域，期望以此与年轻消费者建立对话关系。

现阶段各大品牌的营销方式越来越接地气，百事可乐的营销关键在于：通过营销活动将明星的粉丝号召力转化为品牌的影响力并促进销售，让他们"渴望就现在"。

（2）营销目标：通过营销活动有效提高百事可乐在年轻消费群体中的品牌影响力，并树立起百事可乐年轻化的品牌形象。

（3）策略与创意：选择中国在线演唱会第一平台腾讯视频Live Music作为本次合作的主要平台。Live Music所拥有的明星演唱会资源不仅与百事可乐的全明星战略及音乐营销不谋而合，其所涵盖的粉丝受众也更多元化，既有受年轻人追捧的小鲜肉，也有"70后""80后"所熟知的大牌巨星。

（4）执行过程：

1）百事可乐巨星集结，全年"Live For Now"。2016年4月13日—12月30日举办11场最受年轻人欢迎的明星演唱会、两场当下最热的户外音乐节及1场MTV大赛，将大牌明星和当红"小鲜肉"一网打尽。

2）百事可乐在12月30日以一场千万粉丝关注的跨年巨献"幻乐一场"王菲演唱会直播收官。直播前，百事可乐携手微博大V和微信公众号进行社交预热，并邀请孙坚、欧豪进行倒计时直播；在直播中，百事可乐定制道具与粉丝一起"幻乐"狂欢；与此同时，百事可乐定制TVC更是从腾讯视频开机闪屏到视频第一贴片，全程追踪粉丝眼球。

演唱会现场，无处不在的百事可乐元素点燃全场激情。腾讯视频 Live Music 为百事可乐打造 VR 专场，以当下最火爆的黑科技，为上亿观众提供身临其境的直播观看体验，提升了年轻人的参与感。活动期间，Live Music 推出百事可乐"渴望就现在"的品牌专题页面，并整合腾讯网、QQ 音乐、视频、微信、微博等跨终端平台，联合海量站外媒体资源，从资讯、社交、娱乐等不同角度进行品牌联合推广。

除此之外，在本次合作中 Live Music 首开"揭盖赢惊喜"互动奖品商业化先河。活动期间，用户访问官方活动页面参与"揭盖赢惊喜"活动（以下简称"活动"），即有机会获得线下演唱会门票、VR 眼镜、专属道具、腾讯 VIP 会员 7 天激活码等奖励。

本次活动共吸引 374 万用户参与互动，将明星的粉丝号召力有效地转化为粉丝对百事可乐的品牌好感度。

（5）营销效果与市场反馈：跨年晚会直播前孙坚、欧豪倒计时直播，在线观众人数达 160.8 万；王菲演唱会直播在线观看人数为 2 149.6 万，百事可乐定制道具曝光达 3 789.6 万，实现了品牌在演唱会场景下的消费者沟通。定制 TVC 助力百事可乐品牌巧妙绑定王菲 IP，直播前、中、后贴片投放，持续曝光达 1.1 亿。除直播当晚外，2016 年全年百事可乐"Live For Now"巨星演唱会直播共吸引近 7 亿观看人次；腾讯整合其全平台产品并联合海量域外媒体资源，实现 21.3 亿广告曝光效果。

参 考 文 献

[1] 汪永华. 网络营销 [M]. 2版. 北京：高等教育出版社，2019.

[2] 隗静秋，廖晓文，肖丽辉. 短视频与直播运营 策划 制作 营销 变现（视频指导版）[M]. 北京：人民邮电出版社，2020.

[3] 王冠. 网络视频拍摄与制作：短视频 商品视频 直播视频（视频指导版）[M]. 北京：人民邮电出版社，2020.

[4] 吴航行，李华. 短视频编辑与制作（视频指导版）[M]. 北京：人民邮电出版社，2020.

[5] 秋叶，郑昊，米鹿. 短视频：策划、制作与运营 [M] 北京：人民邮电出版社，2019.

[6] 秋叶，勾俊伟，张向南，等. 直播营销 [M]. 北京：人民邮电出版社，2017.

[7] https：//baijiahao. baidu. com/s？id＝1660918771311328955&wfr＝spider&for＝pc，直播营销常见的几种模式，聚卓营销策划，2020.03.

[8] https：//www. jianshu. com/p/501ca5edea68，直播设备选择，阿宝阳光，2020.02.

[9] https：//baijiahao. baidu. com/s？id＝1662821605585281475&wfr＝spider&for＝pc，直播营销的传播技巧，图玩智能，2020.04.

[10] https：//zhuanlan.zhihu.com/p/40020872，必须防范的直播风险六大要素，不知道要吃亏！艺元先生给方案，2018.07

[11] 秋叶，张向南，勾俊伟. 新媒体运营实战技能［M］.2版北京：人民邮电出版社，2020.

[12] 王薇，龙思薇. 互动营销案例100（2010—2011）［M］.北京：中国市场出版社，2011.

[13] 林景新. 实战网络营销——最佳网络营销案例全解读［M］.广州：暨南大学出版社，2009.

课程教育资源包